JEAN MARIELD

ÉTUDES

DE

SOCIALISME

PRATIQUE

Les divers articles qui composent ce volume ont été publiés
dans le journal le *Papillon*, 1882-84

PARIS

1889

ÉTUDES

DE

SOCIALISME

PRATIQUE

JEAN MARIELD

ÉTUDES

DE

SOCIALISME

PRATIQUE

PARIS

1889

PRÉFACE

La question sociale est à l'ordre du jour. Chacun s'en préoccupe et s'en occupe. Il existe à Paris des milliers de petites réunions où l'on discute, chaque soir, les divers problèmes économiques de l'existence, de la lutte pour la vie.

L'ancienne société s'écroule; elle est lézardée de toutes parts. Il faut autre chose. Que sera cette autre chose? Personne n'en sait rien; mais chacun s'est mis avec passion à la recherche de cet inconnu.

La Franc-Maçonnerie, qui devrait être à la tête de tout mouvement de progrès, s'est abstenue jusqu'à ce jour de s'occuper de la question sociale. La politique gouvernementale, seule, a absorbé toute son attention.

Pendant ce temps, l'Église catholique travaillait sourdement à la création des cercles ouvriers et prêchait le *droit* à l'existence. Elle entrait résolûment dans le système des revendications; elle accaparait le socialisme et le faisait son œuvre, à la fois terrestre et céleste; le bien-être ici-bas, le paradis en haut.

Les disciples de Loyola sont nombreux, bien organisés et armés de pied en cap pour la lutte à outrance. Leur dévouement est absolu, leur obéissance passive, aveugle.

Les francs-maçons, au contraire, sont en nombre restreint, divisés en petites cohortes, sans cohésion et sans conviction bien profonde. Ils n'osent envisager de front les questions sociales, auxquelles ils sont, pour la plupart, du reste, restés étrangers.

Tout surpris de l'apparition subite de la question sociale et de son existence immanente, ils en arrêteraient volontiers le développement et l'expansion pour cacher leur ignorance et rester maîtres de la situation acquise par la République simple, ce *nec plus ultra* de leurs études politiques.

Ils en sont encore aujourd'hui à la devise : *liberté, égalité, fraternité!* alors qu'ils devraient être depuis longtemps à la devise : *mutualité, solidarité, réciprocité!*

L'avance prise par l'Église est grande. Son faux socialisme a déjà perverti bien des intelligences, bien des cœurs. La *haine du capital*, la *haine du patron*, la *haine du bourgeois*, la *haine de la République* sont au nombre des articles de foi de leur catéchisme social.

C'est la guerre civile à courte échéance, si la Franc-Maçonnerie n'accourt en hâte pour détourner les esprits de l'erreur perfide et les ramener au vrai socialisme, qui est la concorde et la paix universelle.

Non ! le capital n'est pas l'ennemi du travail. C'est l'indispensable au travail; c'est le protecteur et le rémunérateur de l'ouvrier.

Non ! le patron n'est pas l'ennemi de l'ouvrier. C'est son chef, son homme de confiance, qui procure et dirige le travail.

Non ! la bourgeoisie n'est pas l'ennemie de l'ouvrier. La bourgeoisie est l'état social auquel aspire tout ouvrier, et auquel peut atteindre tout ouvrier honnête et laborieux.

Non! la République n'est ni hostile ni ingrate envers aucun citoyen. C'est le gouvernement de tous
pour chacun et de chacun pour tous.

Frappé de l'influence funeste des uns et de l'inconscience coupable des autres, j'ai voulu apporter ma
petite pierre au vaste monument de la conciliation.
Puisse-t-elle y trouver sa place et aider à consolider
l'édifice de la rénovation sociale!

ÉTUDES

DE

SOCIALISME PRATIQUE

Les Religions considèrent le travail, le combat pour la vie, comme un châtiment infligé à l'homme par Dieu : « *Tu gagneras ton pain à la sueur de ton front.* »

Le Socialisme, au contraire, considère le travail, le combat pour la vie, comme un acte passionnel : « *Tu gagneras ton pain quotidien par le travail attrayant.* »

I

LES ENFANTS CRIMINELS

Punir le crime est de toute justice comme de toute nécessité, mais il vaut mieux le prévenir.

Dans un régiment, à bord d'un navire, la vraie discipline consiste à prévenir les infractions.

Au collège ce ne sont pas les professeurs qui infligent le plus de punitions qui obtiennent le meilleur résultat.

Un homme souvent puni, un enfant souvent châtié, finissent par s'habituer à la répression ; et alors il n'est point de peine qui ne les trouve indifférents.

L'enfant arrivé à l'état d'indifférence pour le châtiment perd tout amour-propre, s'abandonne à la paresse, néglige sa personne, oublie ses devoirs de famille, devient un cancre, souvent méchant et toujours abruti.

On parvient à prévenir le crime en exerçant une surveillance continuelle et surtout en faisant aimer le travail. Le travail est le meilleur moralisateur de l'enfance.

L'enfant né à la campagne, habitant la campagne, aime le travail par instinct, s'y livre avec passion ; la moralité est innée chez lui et soutenue par le genre d'existence de la famille, la sobriété et l'absence de séductions.

L'enfant des villes, au contraire, soumis dès les premiers pas dans la vie à mille et une tentations, se laisse entraîner facilement au vice et puis au crime, surtout dans la classe pauvre, pour se procurer des jouissances inconnues que sa famille ne peut lui fournir.

Les enfants qui deviennent vicieux, qui commettent des larcins, des vols, des crimes, sont ces malheureux enfants abandonnés à eux-mêmes par leurs parents dès leur plus tendre enfance, battus sans cesse, mal vêtus, mal nourris, souvent jetés à la porte du domicile paternel et envoyés dans la rue pour mendier quelques sous, exposés ainsi à mourir de faim si la charité n'a pitié d'eux, ou si le vol ne leur réussit.

La plupart des enfants, accablés de mauvais traitements par leurs parents, livrés au dénûment et à la misère, n'ont d'autres ressources d'existence que celle que procure le vol.

Comment la société peut-elle mettre un terme à un état de choses qui lui porte un si grand préjudice ?

En aidant ceux qui ne peuvent s'aider eux-mêmes ; en moralisant ceux qui n'ont pas conscience de leurs vices.

En Angleterre, ce pays de la vie pratique par excellence, tout citoyen, quel que soit le rang de la société à laquelle il appartient, a son église, son cercle, sa banque et sa société de charité. Souvent, dans les réunions, vous entendez les personnes se demander les unes aux autres le nom du club et de la corporation de charité dont elles font partie. Vous les entendez raconter les avantages et les agréments de leur club, les nombreux bienfaits de leur société de charité.

Dans ce pays éminemment pratique, un homme ne jouit dans le monde, d'une haute considération, n'a de respectabilité bien établie qu'autant qu'il est affilié à une société de bienfaisance. Dans beaucoup de familles, afin d'éviter des demandes importunes et de prouver que l'on remplit les devoirs de société, on écrit sur la porte du domicile le nom de la secte religieuse et de la société de bienfaisance auxquelles la famille est attachée.

En France, les sociétés de patronage de l'enfance ne sont ni assez nombreuses ni assez connues. Elles possèdent trop peu de membres, trop peu de ressources pour être réellement efficaces. Certes l'esprit de charité ne manque pas en France; il y est répandu, au contraire, à profusion; mais, ce qui manque, pour tirer profit de ce sentiment, c'est l'esprit d'association.

Cette absence d'esprit d'association pour le bien, vient de ce qu'il est admis généralement dans le public que l'État doit avoir charge de tout, doit subvenir à tout. Cette habitude de penser ainsi est le plus grand obstacle à la diffusion de la charité privée, à l'initiative individuelle.

Il est encore malheureusement admis en France, il est considéré comme de haute éducation de faire l'aumône, de faire le bien à l'insu de tout le monde, à l'insu du pauvre lui-même. La main gauche ne doit pas savoir ce que la main droite donne.

Combien de grandes dames montent à la mansarde, donnent vêtements et argent à de pauvres ménages en détresse et croient avoir rempli un saint devoir, alors qu'elles n'ont fait, la plupart du temps, qu'entretenir la pauvreté, souvent encourager la paresse et toujours fausser le jugement des secourus ainsi que leur appréciation des devoirs imposés ici-bas à chacun. Pourquoi nous désespérer, le bon ange reviendra!

La famille, objet des tendresses et des soins de la grande dame, vit et continue à vivre d'espérances, d'illusions et de charité. La grande dame disparaît un jour et la famille se trouve sans ressources; accoutumée à vivre, au jour le jour, du pain de la charité, elle a perdu tout courage, toute énergie, tout amour-propre. Elle meurt de faim; l'ivresse de la pauvreté l'a tuée.

La charité individuelle ne peut que soulager momentanément la douleur; insuffisante, abandonnée à ses propres ressources, à produire un changement d'existence, elle est condamnée à rester pauvre en face du pauvre.

Réunir les charités individuelles en un même faisceau, les grouper en association; changer la honte du bien en l'audace du bien, ce sera avoir formé l'armée de la charité. Celle-ci, nombreuse et approvisionnée d'immenses ressources, s'avancera le cœur haut et fier vers le paupérisme, l'ennemi le plus terrible de la société.

On est pauvre par naissance, par accident, par paresse, par manque d'instruction.

La pauvreté de naissance, loin d'être un danger pour la société et un malheur pour la famille, est au contraire le stimulant le plus efficace vers l'amour du travail, vers l'aisance et la richesse, lorsque l'enfant est préparé à la vie de combat par l'instruction professionnelle et l'éducation morale et économique.

En France, riches comme pauvres, sont peu versés dans la connaissance de l'économie politique. Aussi la France est-elle le pays des bouleversements politiques, commerciaux, industriels. A chaque instant un changement de l'état des choses existantes, et jamais la permanence, jamais la fixité des idées,

jamais l'amélioration du présent; toujours et toujours du nouveau, sans cesse du nouveau.

Quand ce n'est point la classe riche qui produit la perturbation, c'est la classe pauvre qui vient à la rescousse. Dieu seul
connait la profondeur des abîmes où notre malheureuse France
a été si souvent précipitée; mais aucun Français soit riche, soit
pauvre, ne se doute de l'immensité des gouffres d'où la Providence, avec un amour dont la constance ne s'est jamais lassée
jusqu'à nos jours, l'a toujours retirée si miraculeusement.

Mais, prenez garde, il pourrait en être de la Providence
comme de l'ange de la mansarde. La Providence pourrait se
déplacer et aller porter ses bienfaits là où ils seraient mieux
appréciés. Ne vous a-t-elle pas donné déjà une cruelle leçon?
L'avez-vous oubliée? Frivolité, insouciance, imprévoyance, ins-
tabilité..... L'écho répond : Alsace, Lorraine !

Cette mobilité du caractère français, si pernicieuse à la prospérité de la nation et à la sécurité de la société, s'amendera le
jour où l'étude de l'économie politique aura été admise dans
nos écoles, aura pris place au foyer de la famille, à l'atelier
comme au comptoir, au prêche comme à la tribune.

Alors le riche, devenu circonspect, ne poussera plus à l'é-
meute, et le pauvre instruit ne servira plus de bras à l'émeute.
Chacun, alors, en haut comme en bas, comprendra la suprême
valeur de la tranquillité de la rue et de la paix avec le voisin.
Les uns et les autres comprendront que l'union fait la force,
que le capital ne peut rien sans le secours du travail, et que le
travail est impuissant sans l'aide du capital. De cette saine
appréciation mutuelle des deux principaux éléments de prospérité naîtront la confiance réciproque, l'estime, le respect, l'association. D'ennemis irréconciliables qu'ils étaient par le fait
de l'ignorance, ils redeviendront des amis inséparables par le
fait de l'instruction.

La pauvreté par accident de fortune trouve facilement aide

et protection si la famille est honorable, si la famille est laborieuse et capable. Dans ce cas, les capitaux ne lui manqueront jamais pour recommencer ses opérations ou son industrie.

Si, au contraire, la famille n'est ni laborieuse ni honnête, sa seule ressource pour vivre sera d'avoir recours aux sociétés de bienfaisance, dont l'action principale consistera à ramener en elle les principes d'honnêteté et l'amour du travail.

La pauvreté par accident physique, en est réduite à subsister de la charité publique ou des ressources des sociétés de secours mutuels.

La pauvreté par les conséquences de la paresse est, de toutes les pauvretés, la plus hideuse, la plus difficile à convertir au bien, la paresse étant la mère de tous les vices. En présence de cette lèpre, la société se trouve en face de la plus effrayante des dégradations humaines. Cette pauvreté conduit généralement à la perpétration de crimes de toutes sortes. La société, pour sa sauvegarde, a le droit d'être inexorable à l'égard de ce vice capital.

La pauvreté par manque d'instruction cessera d'exister là où seront admis le principe et la pratique de l'instruction gratuite et obligatoire, l'apprentissage d'un métier ou d'une profession, les moyens en un mot de gagner sa subsistance.

Le moyen le plus certain, en effet, d'atténuer la pauvreté sous ses diverses formes, c'est de répandre l'instruction et la moralité parmi les jeunes enfants, ces futurs citoyens.

L'intérêt de chacun comme l'intérêt général, la sécurité de la société elle-même, nous font un devoir de tout instant de surveiller l'enfance afin d'en tirer des citoyens utiles, en l'arrachant aux griffes du vice.

Le missionnaire qui va dans les pays les plus lointains, au milieu des peuples les plus barbares, porter et répandre la notion de Dieu, la parole du Christ, ne s'adresse plus aujourd'hui qu'à l'enfance, pâte malléable encore, qui se prête facilement à la forme nouvelle et se transforme entre ses mains en un granit inaltérable, contre lequel viennent se briser les aiguillons de la corruption.

Imitons ces hommes de Dieu qui vont à travers le monde, au péril de leur vie, instruire et protéger l'enfance. Formons, nous aussi, des sociétés protectrices de l'enfance. Que chacun de nous tienne à honneur et se fasse un devoir d'être membre d'une société de bienfaisance. Que chacun, riche ou pauvre, apporte son obole à cette œuvre humanitaire.

Chaque bourgade, chaque village, chaque ville, aura sa société ou plutôt ses sociétés de patronage de l'enfance, qui surveilleront d'un œil jaloux l'enfant vicieux, qui viendront en aide à la famille nécessiteuse.

Appelons des millions à cette œuvre, seule réellement préservatrice et conservatrice de la société, ce sera le placement le plus avantageux, le plus productif que l'État et l'individu pourront faire de leurs économies.

Ce sera la meilleure des assurances, l'assurance contre le désespoir de la faim; l'assurance contre l'ignorance, la paresse et le vice. Nous possédons des milliers d'assurances diverses, organisées avec une merveilleuse habileté, et nous n'avons que des simulacres de sociétés d'assurances contre la pauvreté, la faim, l'ignorance, la paresse, le crime.

Les sociétés protectrices de l'enfance, formées d'abord par l'initiative privée, en faisant des appels chaleureux à la charité, recevront, lorsqu'elles seront arrivées à un certain degré de progrès, une subvention du gouvernement, au moyen de laquelle il leur sera permis de franchir la limite qui les sépare encore de l'entier perfectionnement.

Les avances de fonds, au lieu d'être faites par le gouvernement, pourraient être fournies par des sociétés de crédit, ainsi que cela a lieu pour la construction de maisons, d'ateliers, etc. Ce dernier mode serait même préférable au premier, car il apprendrait aux individus à se suffire à eux-mêmes et à ne plus recourir, toujours et quand même, au gouvernement; à ne plus rendre le gouvernement responsable de leurs échecs, de leurs fautes, de leur inexpérience. Chaque société protectrice de l'enfance possédera un établissement approprié à sa destination : transformer l'enfant vicieux, par l'éducation morale et intellectuelle ainsi que par le travail.

L'école sera principalement industrielle : on y enseignera aux enfants les divers métiers manuels qui s'exercent dans les villes. L'enfant aura le choix du métier qu'il préférera. Jamais on ne devra obliger l'enfant à apprendre un métier qui ne sera pas de son goût. C'est l'unique moyen d'arriver à faire aimer le travail à ces petits vagabonds, déguenillés, paresseux et fainéants, déjà gangrenés de vices.

Réservez les colonies agricoles pour l'enfant des champs, car l'enfant des villes ne parviendra jamais à s'habituer au travail pénible et ingrat de l'agriculture; il n'y prendra jamais ni goût ni intérêt; il le considérera toujours comme un châtiment, une peine accablante, une condamnation à vie.

Si l'enfant des villes n'est pas propre aux travaux des champs, l'enfant de la campagne n'est pas plus apte aux travaux de la ville. Le premier est d'une constitution trop délicate, trop sensible pour les rudes travaux de la terre, et le second est d'une nature trop grossière pour la finesse et la délicatesse des travaux de la ville.

Traitez chacun selon sa nature et selon sa capacité, si vous voulez en obtenir un bon résultat.

Imposer à un enfant l'apprentissage d'un métier pour lequel il ne se sent aucun goût, c'est s'exposer d'abord à former un mauvais ouvrier, et ensuite à le faire vivre constamment en face d'une antipathie; c'est le torturer lentement à tout instant de sa vie; c'est lui rendre l'existence insupportable à force d'ennuis et de contrariétés.

Les colonies agricoles actuelles seront converties en écoles industrielles pour l'enfant des villes et en instituts agricoles pour l'enfant de la campagne.

J'insisterai pour que l'enfant assisté ait le choix du métier; j'insisterai avec d'autant plus de conviction que le choix de la profession existe dans toutes les classes aisées de la société et est admis comme un droit et un avantage naturel, individuel et social.

Nous le voyons fonctionner librement dans nos lycées, dans les écoles commerciales et industrielles, dans nos écoles militaires, dans l'armée, dans la marine, où chacun s'adonne plus particulièrement, sans que rien ne vienne l'entraver, à la partie qui convient le mieux à son goût, à son intelligence. Dans chacune des écoles on recherche, au contraire, l'aptitude spéciale de l'élève, afin de lui faciliter l'étude de la profession vers laquelle il se sent attiré.

Le mode de correction adopté dans le régime pénitencier en France, à l'égard des enfants, est le châtiment. Ce mode, fort peu en harmonie avec la nature, la qualité et l'âge de l'enfant, se trouve en contradiction avec l'état actuel de la civilisation.

L'enfant criminel, quelque endurci qu'il puisse être dans le vice, est encore très impressionnable comparativement au criminel adulte. Il ne sera pas entièrement sourd au reproche paternel quel que soit l'effort qu'il fasse pour se raidir contre lui; il cédera peu à peu aux bons conseils et aux bons traitements.

Le bien-être, dont il jouira au pénitencier et qu'il appréciera chaque jour davantage, détruira peu à peu le regret de son existence désordonnée et misérable de vagabond. Il arrivera certainement un moment où il s'amendera sans réserve. Sa nature dévoyée seulement depuis peu de temps rentrera insensiblement dans la bonne voie sans que l'enfant ait éprouvé de souffrance ni physique, ni morale.

Le châtiment est le mode de correction d'une civilisation encore barbare, tandis que la mansuétude est le mode d'éducation d'une civilisation avancée.

La correction corporelle fait naître la colère, la passion, l'esprit de vengeance.

La douceur réconcilie le coupable avec ses semblables et avec l'état présent des choses d'ici-bas, ainsi qu'avec les sublimités d'en haut.

Le régime de la prison et, à plus forte raison, celui de la cellule, est en contradiction avec les lois de la nature qui réclament, pour l'entier développement de l'enfant, le grand air, l'espace, le mouvement. Ce régime aboutit à l'abrutissement, à la complète annihilation des facultés intellectuelles et physiques.

Comparez les enfants élevés par la douceur avec les enfants élevés par le châtiment.

Il y a, dans le caractère de l'enfant élevé par le châtiment, un germe de ressentiment contre son semblable, un désir de destruction de la société qui lui a infligé le châtiment. Les traits de sa figure sont contractés; son regard est ou provocateur, ou fourbe, ou patelin, épiant le moment de la surprise, de la vengeance ou de l'adulation. Ses mouvements sont brusques ou incertains. Vous l'approchez, il s'éloigne instinctivement et comme pris en flagrant délit, craignant d'être frappé. Il n'a confiance en personne; il voit des ennemis partout et en tous. Sa parole est une parole de haine, de malédiction, d'obscénité. Jamais il n'est satisfait; il n'a d'épanchement avec personne; il est sans amis; il n'a que des compagnons du crime. Sa misérable existence se passe en défiance continuelle et en récriminations.

Combien est différent l'enfant élevé par la douceur, la mansuétude, la persuasion, l'appel aux nobles sentiments. Chez lui tout est franchise, bonté, amabilité; chez lui tout concourt à le rendre d'un commerce facile et agréable : figure calme et placide, air de satisfaction, regard droit et confiant, mouvements aisés et nobles, attitude distinguée. Il est toujours content et satisfait. Jamais il ne dit du mal du prochain. Sa société est agréable et recherchée. Le bonheur des autres lui est aussi cher que son bonheur propre. Il passe sa vie à faire le bien.

En descendant de l'échelle humaine et en considérant ce qui se passe parmi les animaux, n'avez-vous pas remarqué que les animaux élevés par le châtiment deviennent méchants et vindicatifs ? N'avez-vous pas remarqué aussi combien les animaux traités par la douceur et la mansuétude sont doux et dociles, amis dévoués de l'homme ?

J'admets jusqu'à un certain point qu'on soit sans miséricorde pour l'homme fait devenu criminel, mais envers l'enfant coupable soyons pleins de charité, d'indulgence, de mansuétude, de pardon. Faisons aimer la vie à l'enfant déshérité ; faisons aimer le travail, ce grand régénérateur du pécheur contre la loi, contre la société, contre la morale terrestre et divine.

Le travail ! c'est la prière par excellence : c'est la prière la plus agréable à Dieu. L'homme laborieux est toujours un parfait honnête homme, utile à tous, recherché de tous, indispensable à tous, respecté et honoré de tous.

J'ai parlé de prière, cette aspiration sublime du cœur de l'homme vers les sphères célestes ; vers Celui qui est notre modèle, notre bienfaiteur ; vers Celui qui travaille sans cesse, sans repos ni de nuit ni de jour ; vers Celui qui est notre consolateur dans le malheur ; vers Celui qui nous dispense les biens de la terre et nous appelle à toutes les jouissances de la vie par le travail, la persévérance et l'amour des uns et des autres.

La prière et le travail, se complétant l'un l'autre et ne pouvant se séparer l'un de l'autre sans amener une perturbation dans l'état moral et intellectuel de l'homme, sans nuire à la société qui vit de dévouements mutuels, doivent se rencontrer et se confondre à l'atelier, où leurs efforts réunis produiront leur maximum d'effet.

L'ouvrier se rendant à l'atelier devra s'y présenter avec toute la décence que l'on doit observer en entrant dans un lieu sacré. L'atelier est son église, son sanctuaire où il va adresser à Dieu son maître, son initiateur, les actions de grâces par un travail assidu, par une conduite morale et par la ferme volonté d'être utile à sa famille, à son pays et à l'humanité entière. La religion donne le pain quotidien de l'âme; le travail donne le pain quotidien du corps. De leur intime union naît la satisfaction la plus complète, le bonheur parfait.

Habituez de bonne heure l'enfant à vénérer les choses sacrées, à aimer le travail. — Faites la toilette de l'atelier comme vous faites la toilette de l'église. Que l'enfant s'y trouve confortablement; que l'air y circule librement; que les outils soient bons et propres; que tout invite à l'ouvrage.

Veillez aussi avec un soin infini à la propreté du corps de l'enfant, car la santé, la croissance, la force dépendent beaucoup de la propreté du corps. Les ablutions journalières du matin et après le travail; les bains fréquents, les massages, les exercices militaires et gymnastiques, les promenades au grand air, en rase campagne et sur les montagnes, développeront les poumons et le système musculaire; enrichiront le sang appauvri par les privations. Ajoutez à ce régime une nourriture saine et suffisamment abondante, les corps mièvres et chétifs se feront robustes et capables de supporter les plus rudes fatigues.

Ne maintenez pas l'enfant trop longtemps au même travail; variez le plus possible le travail et les jeux. L'attention de l'enfant se fatigue vite; elle a besoin de changements fréquents d'application. Le dégoût est la conséquence d'une attention trop longtemps soutenue.

N'encombrez pas non plus les salles d'étude, les salles d'atelier, les dortoirs. Des maladies mortelles résultent de l'encombrement des habitations. Cette promiscuité d'âges et de goûts différents; ces assemblages discordants, monstrueux, dégénèrent fatalement en honteuses habitudes, en basse immoralité. Les enfants de même âge et de mêmes instincts vivent naturellement à l'unisson les uns avec les autres et forment des groupes harmoniques.

Des établissements où de telles conditions seraient remplies coûteraient excessivement cher, me direz-vous, et vous ne pensez pas pouvoir obtenir de la charité publique des sommes suffisantes pour leur fondation et leur entretien?

Tout est possible à la charité, à l'association, au dévouement, à l'esprit de prévoyance et de prévision. Ne voyez-vous pas chaque jour s'élever des monuments splendides que l'on appelle: pensionnats, collèges, séminaires, couvents, académies?

D'où proviennent les fonds considérables qui ont servi à élever ces vastes et nombreuses constructions destinées à l'éducation de la jeunesse riche? Ces fonds immenses, ces millions proviennent du dévouement et de la conviction qui accumulent des épargnes et qui font des legs pour le plaisir de pratiquer la charité.

Si la charité est parvenue à assembler de tels capitaux pour l'éducation de la jeunesse riche, dont la société n'a rien à craindre, avec quel empressement fournira-t-elle les quelques sous nécessaires pour l'érection de quelques maisons d'apprentissage pour l'enfant pauvre, devenu vagabond et criminel par manque d'instruction et qui est exposé à devenir plus tard la terreur et la honte de la société, si l'éducation ne change à temps sa nature accidentellement perverse!

Il n'est pas indispensable, du reste, dans une ville, que chaque quartier possède un établissement complet, c'est-à-dire un établissement où seraient représentés et enseignés les nombreux et divers métiers exercés dans un grand centre d'affaires.

Que chaque quartier ait son établissement particulier approprié à un ou deux ou trois métiers manuels, les vagabonds de la ville seront envoyés chacun dans l'établissement où se fera l'apprentissage du métier choisi. La surcharge des dépenses, la trop grande multiplicité des rouages de l'enseignement seront ainsi diminués et chaque petit atelier particulier pourra atteindre alors à une plus grande perfection qu'un seul et unique construit dans de vastes proportions.

On évitera aussi de la sorte l'agglomération si funeste à la moralité et à la santé. La surveillance y sera également plus facile et plus à portée des souscripteurs de l'œuvre, qui auront à leur gré la satisfaction de jouir chaque jour et sans fatigue des progrès de leurs protégés et des bienfaits de leur charité.

Les parents de ces infortunés pourront se rendre plus fréquemment, sans trop nuire à leurs propres occupations, auprès de leurs enfants pour leur rappeler la famille, pour leur dire leur désolation, apporter les consolations du cœur et de l'âme et leur donner des espérances de bonheur pour l'avenir si leur conduite se transforme en bien, si l'amour du travail parvient à surmonter le penchant à la paresse et au vice.

Autant que possible, n'enlevez pas tout à fait l'enfant à la famille, même l'enfant le plus criminel. Faites qu'il voie souvent son père, sa mère, ses frères, ses sœurs; qu'il les voie chaque jour à moins d'empêchement majeur.

Enlever complètement l'enfant à la famille pour l'enfermer impitoyablement entre quatre murs, c'est détruire dans le cœur de l'enfant le sentiment de l'amour filial, le plus pur des sentiments qui animent et vivifient l'enfance, la rattachent à la société; c'est lui faire comprendre qu'il peut se passer de la famille, qu'il n'en a aucun besoin et qu'en somme la société peut se substituer avantageusement à elle. Pensée néfaste, pensée sacrilège que j'ai entendue, hélas! émettre à Paris sur la tombe d'une femme abandonnée de sa famille et qui avait passé sa vie à verser des larmes suppliantes, à implorer son pardon, à gémir sur la triste destinée qui lui était faite par l'ingratitude et l'obstination de ceux qui lui avaient donné le jour et qu'elle n'avait jamais pu maudire.

Oui! gardez l'enfant à la famille, car la famille n'existe que là où existe l'enfant, et comme la famille est la base sur laquelle notre société est fondée, rendez son intérieur agréable et attrayant en y conservant la joie et l'espérance du foyer, l'enfant.

Assez de causes inhérentes à nos institutions gouvernementales et sociales portent atteinte à l'esprit de famille. Sans en appeler à la destruction du droit d'aînesse qui est contestée, n'avons-nous pas les collèges, les casernes, les hôpitaux, les hospices, etc., qui amoindrissent le sentiment du foyer domestique par l'éloignement prolongé de la maison paternelle et par les secours prodigués en dehors de la famille?

Pour laisser l'enfant à la famille à la fin de la journée de travail, la charité aurait à se glisser au sein du foyer domestique, à aider à son bien-être par le logement, la nourriture, et le vêtement. Il ne faudrait pas que l'enfant fût considéré par ses parents comme une surcharge, car alors il serait le mal reçu, mais bien comme un soulagement à la misère, en apportant chaque soir son petit pécule à l'association.

De là la nécessité de rétribuer le travail de l'enfant, de récompenser son application et sa conduite. Des primes seraient aussi accordées aux ménages pauvres qui enverraient leurs enfants à l'école, qui entretiendraient une minutieuse propreté dans le logement et sur leurs personnes, traiteraient leurs enfants avec douceur, s'abstiendraient de toute parole malséante en leur présence.

L'enfant traité avec amour par ses parents, logé et vêtu proprement, retournerait joyeux au foyer domestique après sa journée de labeur, sachant le bonheur que sa présence y apporte, sachant l'affectueuse réception qu'il y trouvera.

Aimer les enfants, les affectionner, les entourer de soins, de caresses, de prévenances, c'est leur inculquer dès l'âge le plus tendre l'amour de la famille, le désir d'en fonder aussi eux-mêmes, plus tard, pour jouir à leur tour de ses avantages, pour avoir à leur tour des enfants à aimer, pour se créer dans leurs vieux jours des soutiens de leur vieillesse.

L'enfant a besoin d'affection pour vivre et prospérer. Ah! si les parents se rappelaient leurs joies ou leurs souffrances alors que, enfants encore, le père ou la mère les caressait ou les châtiait, il n'y aurait pas un seul mauvais père, il n'y aurait pas une seule mauvaise mère.

Le caractère de l'enfant et, plus tard, celui de l'homme, se ressent toujours du traitement éprouvé dans l'enfance, de l'état du logement où il est né, où il a vécu; du milieu qu'il a fréquenté, des sentiments qu'il a entendus exprimer sur le monde, sur la situation présente des choses, sur la religion et sur ses ministres, sur le gouvernement et sur la société en général.

Apporter la moralité et le bien-être dans la famille, c'est, dès le début de l'enfance, ouvrir une perspective riante aux aspirations du nouveau venu, du futur membre de la société, qui maudira ou aimera ce que le père ou la mère auront maudit ou aimé.

Il est bien rare que l'enfant issu de parents honnêtes et laborieux tourne à mal. Les exceptions sont si peu nombreuses qu'il ne peut en être appelé de ces accidents qu'au point de vue de la surveillance vigilante de tout instant à exercer sur l'enfance ; à empêcher principalement les mauvaises fréquentations de la rue, des lieux de réunion immonde, de ces attroupements qui se forment ici et là, partout, sur les places publiques et dans les carrefours pour assister à des spectacles généralement peu édifiants pour l'homme mûr et toujours extrêmement corrupteurs pour l'enfant.

La charité a répondu avec empressement aux appels chaleureux de quelques amis dévoués de l'enfance. Les écoles industrielles se sont élevées comme par enchantement dans chaque quartier de la ville. Le meilleur goût a présidé à la distribution et à l'ornementation des salles d'étude, des ateliers, des gymnases, des réfectoire, des dortoirs.

Tout cet ensemble agréable à l'œil, à l'esprit et au cœur, dispose favorablement en faveur de l'œuvre du redressement de l'enfant criminel, et les incrédules comme les indifférents, riches et pauvres, tiennent à honneur maintenant de joindre leur obole à l'obole des fondateurs.

Les enfants condamnés par les tribunaux viendront les premiers peupler ce sanctuaire de la restauration morale par le travail. Bientôt se joindront à eux les petits vagabonds trouvés dans la rue en quête de leur nourriture journalière, par la mendicité d'abord et par le vol ensuite. Arriveront aussi ces pauvres malheureux enfants que les pères et mères sont impuissants à nourrir et à élever soit pour cause de maladie ou de mauvaise conduite, soit pour cause d'insuffisance de rémunération de leur travail.

Tous ces petits pauvres êtres déshérités apprendront sans peine et avec ardeur, dans ces asiles industriels de la charité, les moyens d'être un jour des hommes utiles, des citoyens honorables. Chacun d'eux emportera, au sortir de l'asile, le plus solide, le plus stable des capitaux, la connaissance d'un métier et l'amour du travail.

L'enfant criminel sera conduit au pénitencier par la contrainte; mais l'enfant non encore souillé, seulement sur la pente du vice, comment l'amener à venir habiter un lieu où il trouvera un empêchement complet à la satisfaction de ses habitudes coupables, un frein à ses passions désordonnées, à son amour du vagabondage? Nous attirerons à nous ces enfants voués au crime, ces jeunes vagabonds en révolte contre la société à peine au sortir du berceau, ces natures revêches à la probité, aussi déguenillés au moral qu'au physique, en suivant l'exemple qui nous est donné sur le continent d'au delà de l'Océan Atlantique, pays où pullulent les jeunes vagabonds.

Transportons-nous donc, un instant, dans les rues de New-York, et suivons pas à pas ce yankee gentleman, à l'air content, satisfait, d'allures prévenantes et affables, tenant une bible à la main, épiant de côté et d'autre, cherchant le *ragged boy*, l'enfant déguenillé, comme le chasseur chasse le gibier dans un fourré épais, questionnant les allants et venants. Le voilà qui s'arrête, fixe ses regards scrutateurs sur un ramassis de haillons recouvrant une sorte de forme humaine, œil éteint, face livide, mains décharnées, chevelure en désordre, démarche incertaine, se traînant nonchalamment, sale, hideux, puant, couvert de vermine.

« Mon cher enfant, veux-tu venir avec moi pour porter une malle au chemin de fer? je te donnerai quelques sous.

« Oui, monsieur, — répond l'enfant; et ils cheminent ensemble vers le prétendu domicile du gentleman, qui n'est autre que l'école des *ragged boys*, des enfants déguenillés.

« Pourquoi es-tu si mal vêtu? — Je n'ai rien autre.

— As-tu père et mère? — Oui!

— Te donnent-ils à manger? — Non!

— Où couches-tu? — Dans la rue; n'importe où je me trouve, le soir, à la nuit.

— Que manges-tu? — Je ne mange pas tous les jours.

— Tiens, veux-tu partager ce petit pain? » Le gentleman brise un petit pain en deux et en donne la moitié au *boy*, qui la prend en tremblant et la dévore avec avidité, en jetant un regard furtif sur le gentleman dont la contenance calme et l'air de bonté commencent à lui inspirer confiance.

— Prends ce sandwich, je n'ai plus faim, moi.

Serais-tu content d'avoir tous les jours du pain et de la viande, deux fois par jour, matin et soir; d'être couché dans un bon lit, la nuit; dans une chambre bien chaude, l'hiver, et bien fraîche, l'été? Serais-tu content d'être habillé proprement avec des vêtements qui te préserveraient du froid?

— Oui, certainement! Mais pourquoi vous moquez-vous de moi?

— Je ne plaisante pas et, si tu veux me suivre encore quelques minutes je te montrerai une belle maison où il y a des *ragged boys* comme toi, que j'ai trouvés dans la rue comme toi, mourant de faim et qui aujourd'hui sont bien nourris, bien habillés, bien logés, et qui apprennent à lire et à écrire. Viens voir. »

Et le gentleman entraîne le *boy* dans une maison d'apparence simple, mais d'une propreté recherchée. Les écoliers sont en récréation. Leurs cris de joie, leur ardeur au jeu, le bonheur dont ils semblent jouir émerveillent le *ragged boy*, qui regarde tout ce ravissant spectacle avec surprise et envie. Deux enfants, vétérans de l'école et formés à ce manége, s'approchent, sur un signe du gentleman, du pauvre petit étranger, lui font la bienvenue, lui parlent avec effusion de cœur, en bons camarades, l'emmènent dans la salle de bains, le dépouillent en riant de ses haillons, le décrassent des pieds à la tête, le tondent ras et le couvrent de vêtements neufs et bien ajustés à sa taille. Ils lui donnent ensuite à manger et à boire; puis, une fois réconforté, ils le conduisent aux jeux où il est fêté et choyé par tous ses nouveaux camarades.

Voilà notre pauvre petit vagabond déguenillé, sale et puant, transformé en un clin d'œil; heureux et pimpant maintenant, ayant à profusion la nourriture du corps et de l'esprit, sur la route du vrai bonheur, la moralité et le travail.

Ne craignez pas en France d'imiter le yankee gentleman. Ne craignez pas le ridicule; ayez l'audace d'une bonne action; soyez fier de votre victoire et allez d'un pas ferme et assuré vers le pauvre petit déguenillé; ses larmes de remerciements, ses regards attendrissants vous dédommageront au centuple des quolibets de ces vantards du vice, aussi dénués d'esprit que de cœur.

L'école est au complet, tant au matériel qu'au personnel. Elle possède l'édifice, le matériel et le personnel d'enseignement, et le personnel à instruire. Ce personnel de jeunes enfants se compose: des enfants condamnés; des enfants abandonnés de leurs parents; des jeunes orphelins sans moyens d'existence; des enfants que leurs parents ne peuvent élever, faute de salaires suffisants de leur travail.

Combien de temps ces enfants devront-ils rester en apprentissage?

Il me semble que le résultat de tous les sacrifices que l'on se sera imposés, de toutes les peines que l'on se sera données n'aura d'efficacité réelle qu'autant que l'enfant sera maintenu à l'école d'apprentissage jusqu'à ce qu'il ait acquis une habileté suffisante dans le métier de son choix pour pouvoir en retirer les moyens d'existence.

Donnez-lui la liberté plus tôt, renvoyez-le à sa famille avant qu'il ait obtenu cette habileté, l'enfant encore improductif retombe forcément dans la vie de vagabondage, dans le larcin, le vol, le crime, pour subvenir à sa subsistance. De cette fausse spéculation résulteront autant de récidivistes que de libérés avant l'époque de la capacité acquise.

Peines perdues, efforts stériles; l'éducation est à recom-

mencer; et, cette fois, très probablement, sans espérance d'a-
mendement, car la récidive est un endurcissement au vice. La
moralité a déjà beaucoup de peine à établir domicile dans le
cœur du criminel pour la première fois, et il est rare que ses
tentatives réussissent à pénétrer dans le cœur du récidiviste.
Aussi, au lieu d'avoir produit une amélioration, se trouve-t-
on, par ce licenciement prématuré, avoir donné des forces au
vice, l'avoir rendu inexpugnable.

En présence de cette fatale conséquence, ne serait-il pas
sage et prudent d'effacer du code pénal de l'enfant criminel
toute peine dont la durée n'atteindrait pas le nombre d'années nécessaires pour faire de l'enfant un ouvrier capable de
gagner sa vie au sortir du pénitencier?

Je dirai encore que, ne sortir du pénitencier qu'ouvrier capable, ne suffit pas à donner de sérieuses garanties contre le
retour à la criminalité; il faut aussi qu'une place soit procurée
au libéré chez un patron d'atelier, avec la certitude d'une
rémunération qui lui permette de vivre honorablement.

Laisser le jeune ouvrier livré à lui-même au sortir de l'é-
cole, sans connaissance aucune des patrons à qui s'adresser,
sans autre recommandation que le brevet de capacité donné par
le Conseil de l'école, c'est l'exposer à l'insulte, à l'outrage chaque fois qu'il osera se présenter dans un atelier pour demander de l'ouvrage. Son inexpérience de la vie, les refus morti-
fiants qui répondront à ses offres de service, le conduiront rapidement au découragement, au désespoir, au suicide peut-être,
mais fatalement à la débauche et, de cette dernière, en récidive.

Nous sommes donc conduits, pour ne pas perdre le fruit de
nos efforts, à ne licencier les enfants qu'au fur et à mesure de
leur habileté et des besoins de l'industrie privée.

Nous devrons même, dans le cas où le libéré viendrait à
se trouver sans ouvrage, lui offrir asile à l'école-mère jusqu'au
jour où une place se présentera.

Cette nouvelle obligation de la part de l'école envers ses anciens élèves qui se trouvent momentanément sans ouvrage pour cause de chômage du commerce et de l'industrie, pour cause de maladie ou de toute incapacité de travail, nous impose la création d'une caisse de secours mutuels.

La caisse de secours mutuels sera formée en prélevant une part des gratifications accordées aux jeunes détenus ; en recevant des dons et des legs des membres de la Société de patronage, et en encourageant des souscriptions volontaires annuelles parmi tous ceux qui auront joui des bienfaits de l'institution.

Les caisses de secours mutuels existent depuis longues années en France et fonctionnent avec le plus grand succès parmi les corporations de tous métiers et de toutes professions. Leurs avantages sont si considérables, tant au point de vue matériel qu'au point de vue moral, qu'elles ont été adoptées avec empressement dans toutes nos écoles, petites et grandes, riches et pauvres, afin d'habituer les enfants, dès l'âge le plus tendre, à l'économie, à l'épargne et à l'association.

Cette caisse, après quelques années de fondation, se trouvera dans des conditions assez belles pour pouvoir venir en aide non seulement aux anciens élèves eux-mêmes, mais aussi à leurs vieux parents infirmes. Elle établira des retraites pour ceux que la fortune n'aura pas favorisés et aura laissés dans la misère. Elle pourvoira aussi à l'instruction d'enfants pauvres. Mais surtout elle fournira à l'enfant libéré cette première mise dehors indispensable à son entrée dans la vie libre : logement, vêtements, outils de travail, et ces divers petits objets d'entretien et de consommation immédiate.

Notre tâche n'est pas encore terminée ; il nous restera à exercer une surveillance paternelle sur le jeune libéré pendant sa vie libre, pendant qu'il remplira ses fonctions et ses devoirs de citoyen, car nous avons compris qu'abandonner le prisonnier libéré au sortir du pénitencier, c'était s'exposer à perdre en un seul jour le fruit de toutes les peines que l'on s'était données pendant de nombreuses années pour améliorer sa condition, pour transformer ses mauvais instincts et sa perversité.

Actuellement le nombre des récidivistes est considérable. Ce mal provient de l'abandon du jeune libéré par l'école-mère du jour où il a quitté l'école. L'enfant qui a vécu plusieurs années sous l'œil vigilant et paternel de maîtres qui le guidaient pas à pas dans son existence de chaque jour, se trouve tout à fait incapable de volonté pendant les premiers jours où il est livré à lui-même. Aussi devient-il souvent victime de la spéculation de mauvais patrons et est-il exploité à merci. Bien heureux encore s'il parvient à échapper aux enrôleurs du crime !

Non seulement la surveillance du Conseil de l'école devra porter sur la conduite du jeune libéré, mais encore sur celle des patrons à son égard.

Le détenu libéré continuera ainsi à appartenir à la Société de patronage pendant sa vie d'épreuves par les liens de l'intérêt paternel que la Société persévérera à lui porter et par ceux des sentiments de reconnaissance que le libéré professera pour la Société, sa bienfaitrice. La famille adoptive se perpétuera dans le mutuel attachement de tous ses membres, les uns envers les autres, poursuivant d'un commun accord l'œuvre de la régénération de l'enfant déchu.

Je voudrais faire connaître ici un moyen que j'ai vu employer avec succès en Australie pour corriger l'homme adonné au vice et pour l'empêcher de rechuter. Ce moyen, c'est le serment sur la Bible, le livre de Dieu ! Loin de moi la pensée de proposer d'adopter en France, pays sceptique, ce singulier moyen comme préservatif unique contre le mal, mais je proposerai seulement d'en faire l'essai sur les jeunes détenus au moment d'obtenir leur liberté. Oui, au moment de quitter l'école, que le jeune libéré prête serment devant le Conseil de l'école et en présence de tous ses camarades, réunis pour la solennité; qu'il jure de persévérer dans la voie de la moralité et de vivre en honnête homme.

Qui sait? Peut-être ce serment prêté avec pompe, en face d'une nombreuse assemblée, témoin irréfragable, agira-t-il assez puissamment sur l'imagination pour s'imprimer d'une façon indélébile dans le cœur de l'enfant et le préserver désormais de toute tentation mauvaise par le souvenir encore palpitant de la majesté de la cérémonie?

Nous avons dit que les enfants de la ville détenus dans les pénitenciers apprendraient, chacun selon son goût, un des divers métiers manuels exercés dans les villes, et que l'enfant de la campagne serait élevé aux travaux des champs. Nous avons expliqué les motifs qui nous avaient porté à adopter ce système de préférence à celui en usage actuellement qui consiste à entasser, pêle-mêle dans le même établissement, toutes sortes de petits criminels, quelle que soit leur provenance, quels que soient leur âge et leur caractère, et à les soumettre tous, sans distinction de goût, ni de force musculaire, aux mêmes travaux, les travaux agricoles.

L'enfant s'exerçant à un travail qui lui est agréable fait des progrès rapides. Son application et la persévérance lui attireront les encouragements de ses maîtres qui, pour stimuler encore plus vivement son aptitude, l'intéresseront le plus tôt possible aux bénéfices résultant de son travail, selon la valeur et l'importance de l'ouvrage accompli.

Voilà le jeune détenu devenu ouvrier, c'est-à-dire homme utile, commençant à se suffire à lui-même, à indemniser l'école des dépenses premières, à venir en aide à sa famille et à emmagasiner un petit pécule qui lui servira à patienter pendant les premiers jours de sa libération jusqu'au moment où le salaire nouveau lui permettra de vivre sans ressources étrangères.

Résultat prompt et certain du travail attrayant, duquel il ne faut jamais s'écarter si l'on veut agir efficacement sur l'enfant, si l'on veut développer ses bonnes qualités, agrandir son intelligence, faire ressortir ses dispositions naturelles, devenues pernicieuses faute de direction et d'aliment pour les entretenir dans la bonne voie.

Ici se place la question du travail des prisonniers : question longtemps débattue et toujours sans solution aucune. Question insoluble selon moi sous quelque aspect qu'on la considère, si on ne prend le parti de sacrifier quelque chose de part et d'autre.

Le travail des prisons et le travail manuel au dehors sont en opposition, se nuisent l'un à l'autre, dit-on encore.

La concurrence du travail du prisonnier est fatale à l'ouvrier libre, car le prix du travail des prisons a une influence notable sur le prix du travail de l'ouvrier libre, dit-on encore.

Cependant tous reconnaissent et sont unanimes à déclarer qu'il ne faut pas laisser le prisonnier inoccupé ; qu'il faut, au contraire, lui fournir constamment du travail.

Alors, pour faire cesser cette rivalité et continuer néanmoins le travail des prisonniers :

Les uns proposent l'application à ce travail du système des prix régulateurs ;

Les autres conseillent d'employer les jeunes détenus aux travaux d'utilité publique, tels que construction de chemins de fer, creusement de canaux, endiguement de rivières, reboisement de dunes et de montagnes, etc., etc.

Le prix régulateur, quoique coté par une chambre de prud'hommes compétents et consciencieux, détournera forcément, par son élévation, la commande de s'adresser au pénitencier, car le jeune détenu n'est autre qu'un apprenti ouvrier ; son travail est, par conséquent, inférieur à celui d'un ouvrier formé, d'un ouvrier habile, de l'ouvrier libre tel qu'il sera un jour, mais tel qu'il ne peut pas être tant qu'il séjournera en prison d'où il ne doit sortir que lorsqu'il sera ouvrier capable. Ce prisonnier, apprenti-ouvrier, ne peut prétendre qu'à un prix inférieur, vu son inexpérience.

L'apprenti libre lui-même ne reçoit pas, pendant son noviciat, pour un même travail, la même rétribution que l'ouvrier expérimenté.

La concurrence entre le travail du prisonnier et le travail de l'ouvrier libre n'existe donc pas réellement quant au prix, mais seulement quant à la qualité et à la perfection de la main-d'œuvre. A l'ouvrier libre, en conséquence, le soin de perfectionner son ouvrage pour ne pas souffrir de la concurrence.

Ces plaintes contre le travail des prisons ne me paraissent pas, du reste, bien conformes aux idées de l'époque, car elles se présentent en contradiction avec la science économique actuelle qui admet le libre échange et qui commence à le pratiquer à la grande satisfaction des uns et des autres, des faibles et des forts.

Comment, en effet, ne pas admettre la concurrence des nationaux, alors qu'on admet la concurrence des étrangers?

Pensez-vous que les étrangers pourraient introduire avec bénéfice en France cette énorme quantité de marchandises qui proviennent de leurs ateliers, si le prix de ces marchandises n'était pas inférieur au prix des marchandises similaires fabriquées en France?

Augmentez le salaire des ouvriers d'Angleterre, d'Allemagne, de Belgique et de Suisse, afin d'équilibrer avec les vôtres les prix des produits de leur travail, ainsi que vous demandez à augmenter le salaire de vos prisonniers, votre marché sera vide de marchandises étrangères, et le libre échange ou la concurrence ne sera plus qu'une vaine théorie!

Non! laissez le pauvre prisonnier travailler à son prix, et si vous êtes autorisés à lui retirer toutes ses autres libertés, laissez-lui celle du travail, c'est sa seule espérance de régénération.

Ce qui fait le plus de tort à l'ouvrier libre français, ce n'est pas le bas prix du travail de quelques prisonniers, de quelques orphelins, mais bien le bas prix dont se contentent ces innombrables ouvriers étrangers qui envahissent nos ateliers, nos chantiers, nos fabriques, nos usines, nos comptoirs, nos magasins, nos cafés, nos restaurants, nos hôtels.

Cette invasion ouvrière étrangère était si considérable avant l'invasion militaire qu'il n'y avait plus place nulle part pour l'ouvrier du pays.

Notre industrie, notre commerce et nos arts passaient entre les mains des étrangers et personne ne se plaignait ; tout le monde, au contraire, applaudissait à cette concurrence qui, cependant, réduisait l'ouvrier français à la misère et annihilait les forces vives de la nation.

L'ouvrier français, rejeté de l'atelier, allait en prison pour ne pas mourir de faim ; vomi de la prison, ne trouvant asile nulle part, il passait à l'émeute pour se venger d'une société ingrate, si peu prévoyante, si peu patriotique.

L'enivrement de l'émeute le poussait ensuite à ces luttes fratricides dont les atrocités devraient être constamment présentes à notre esprit, inscrites en lettres rouges sur les façades de nos maisons, de tous nos édifices, de tous nos monuments, sur les poteaux de toutes nos places publiques, pour apprendre et rappeler à la société française qu'elle a pour devoir de penser d'abord à nourrir ses propres enfants, avant de se saigner à blanc pour alimenter les enfants de l'étranger.

Cette faute coupable, antipatriotique, de nos industriels, de nos commerçants, d'employer l'étranger au lieu du compatriote, augmente de beaucoup la criminalité en France et tend à diminuer la population du pays.

L'impossibilité de trouver du travail mène infailliblement au crime pour se procurer les moyens d'existence.

La difficulté de placer les enfants pour gagner leur existence conseille au père et à la mère de limiter le nombre des membres de la famille, et augmente le nombre des célibataires.

Commerçants, industriels, vous tous qui avez besoin de travailleurs, renoncez à employer les étrangers, alors que les vôtres sollicitent l'ouvrage et meurent de faim faute d'occupation ; réservez à vos compatriotes les places dont vous pouvez disposer, vous vous assurerez ainsi contre le paupérisme affamé, contre la criminalité, contre la concurrence de la prison, contre l'émeute et ses terribles conséquences. N'oubliez pas que le pauvre, las d'implorer et de souffrir, se désaffectionne de la société qui n'a pas d'entrailles pour ses propres enfants et qui lui refuse le pain du travail qu'elle prodigue si inconsidérément à l'étranger.

Employer les jeunes détenus aux travaux d'utilité publique, c'est condamner par anticipation ces enfants aux travaux forcés à perpétuité ; c'est détruire à leur naissance les capacités individuelles et les réduire à l'état de machines impropres au service auquel on les soumet.

Quel avenir peut avoir un terrassier? et quelle existence préparez-vous à l'enfant en le broyant à ce métier sans issue? Quel plaisir peut trouver un enfant à remuer des mottes de terre, à transporter un caillou d'un endroit à l'autre? Quel intérêt le jeune enfant peut-il trouver au creusement d'un fossé, à l'entassement d'un remblai? Que lui importent ces travaux ! Il n'en comprend pas l'utilité; il n'en voit et n'en ressent que le désagrément et la fatigue. Le châtiment est complet, car voilà bientôt le pauvre enfant réduit à l'état de brute par cette perpétuité du même lourd fardeau à porter : le travail forcé.

L'enfant est un être infiniment intelligent, d'une sensibilité excessive; son imagination est sans cesse en ébullition; il se passionne facilement pour ces mille petits ouvrages que sa main peut palper de côté et d'autre, tourner et retourner en tous sens. Il veut faire et faire vite pour jouir incontinent de son œuvre. Les travaux de longue durée, les travaux grandioses le laissent indifférent; il n'en comprend pas encore ni le but ni la valeur. La lassitude s'empare de lui longtemps avant que la montagne ait été abattue et le marais comblé.

Mais il aime passionnément à se livrer à tous ces travaux manuels qui ont un résultat immédiat, qui lui donnent une satisfaction immédiate. A peine le travail est-il commencé, qu'il aspire après sa fin, tant il a hâte de contempler son œuvre, de juger de ses progrès et de recevoir la récompense de son talent et de son application!

Et après sa libération, que deviendra l'enfant terrassier, privé des moyens d'existence selon son aptitude, selon son goût? Retournera-t-il à ce labeur qui lui est si antipathique, qui lui inspire tant de répugnance, qu'il a pris en horreur invincible? Non! ce malheureux enfant, encore plus dénué de ressources au sortir de cet atelier-bagne qu'avant son entrée, impropre à tout métier, retournera au vice, demandera la subsistance de chaque jour au crime et ira plus tard grossir le nombre des prisonniers. Cette fois en récidive, c'est-à-dire incorrigible.

Reprenons donc l'idée du travail attrayant et ne l'abandonnons plus. Gardons-nous de heurter les enfants contre des obstacles trop durs; leurs membres frêles et délicats se déformeraient promptement contre eux, s'ils ne s'y brisaient pour toujours. Ce qui convient à ces jeunes natures, encore à l'état de formation, c'est l'exercice moral et physique qui n'aboutit jamais à la fatigue, qui reste toujours loin de la lassitude, mais qui est constamment maintenu en haleine par le désir et l'émulation, comme par le besoin instinctif.

Aux enfants de la ville, les divers métiers exercés à la ville, métiers au milieu desquels ils sont nés, qu'ils voient chaque jour, et auxquels ils sont déjà habitués, initiés même par ce contact continuel.

Aux robustes enfants de la campagne, les rudes travaux des champs, qui leur sont familiers dès leur naissance et pour lesquels ils se sentent une vocation naturelle.

Alors pas de froissement de nulle part ; chacun court à la besogne pour laquelle la nature l'a formé. Le contentement règne partout et le travail cesse d'être une tâche ingrate à remplir pour devenir une occupation agréable, pleine d'attraits.

L'enfant adonné à une besogne qui lui plaît et de laquelle il retire facilement les moyens d'existence par l'habileté qu'il acquiert rapidement à ce travail, s'éprend d'amour pour son métier, devient artiste et bientôt la fortune couronne ses efforts, sa constance, son honorabilité.

Tout le monde à l'atelier! personne au cabaret, personne en prison. Le travail attrayant a moralisé et enrichi le vagabond, le criminel.

Massez-vous, vous tous qui possédez, pour donner l'éducation et l'instruction au pauvre qui ne possède rien. Assemblez de nombreux capitaux pour les placer à la banque de la moralité et de l'instruction du pauvre et vous aurez fait le placement le plus avantageux, un placement qui vous rapportera le bien le plus précieux en ce monde, la paix du foyer et de la rue, la tranquillité complète ; un placement qui vous permettra la jouissance pleine et entière, exempte de tout souci, de vos immenses richesses.

Le paupérisme, cette plaie hideuse de la société, cet effroi de la fortune acquise, cette pépinière du vice, cette armée de l'émeute, aura cessé d'exister le jour où vous aurez décrété l'abolition de l'ignorance, autrement dit de l'incapacité au bien, c'est-à-dire le jour où les sociétés de patronage de l'enfance auront acquis l'audace de fonctionner librement et de porter haut et ferme l'étendard de la régénération de l'enfant déchu, par le travail attrayant et le dévouement mutuel.

Le 25 février 1878.

JEAN MARIELD.

II

CONGRÈS INTERNATIONAL DES OUVRIERS

Papillon le 25 novembre 1883.

Le Congrès international des ouvriers a-t-il résolu un seul des problèmes d'entre les mille qui lui ont été soumis?

Non! il n'a malheureusement rien résolu, pas plus en assemblée internationale qu'en assemblée nationale.

Toujours les mêmes exagérations, le même décousu dans les idées et la même absence d'études sérieuses.

Mais il est ressorti, de ce concours d'ouvriers de tous pays, que les ouvriers français s'étaient montrés très inférieurs à leurs collègues, en science économique. Cette infériorité est navrante, surtout vis-à-vis de l'ouvrier anglais.

L'ouvrier anglais a raisonné avec calme le pour et le contre, l'avantage et le désavantage de tel ou tel changement dans la marche actuelle des choses. L'Anglais ne procède pas par soubresauts comme le Français; il va pas à pas, lentement, mais sûrement; il ne brise rien sur son passage; il a le respect du bien d'autrui; il éclaire et sonde la route avec un soin paternel, afin que les camarades timides et irrésolus puissent voir clair dans le lointain, s'y hasarder sans danger, et ne se persuadent pas qu'on les entraîne dans un labyrinthe inextricable.

Il n'y a ni haines, ni malédictions dans ses raisonnements. Les délégués anglais ont fait entendre des idées éminemment remarquables par leur netteté et leur esprit de conciliation, ainsi que par leur respect de la propriété acquise et leur judicieuse application à la pratique.

Ils ne demandent rien à la force, ni à la violence; ils veulent obtenir leurs revendications de la conviction seule. Pour eux, le capital et le travail doivent être unis de la plus étroite union ; ils sont indispensables l'un à l'autre et ils doivent jouir également l'un et l'autre de la même protection et de la même considération ; leurs intérêts sont confondus. Ils honorent le capital, car, pour eux, le capital représente une accumulation de travail.

Point d'exagérations dans leurs projets, ni dans leurs prétentions ; ils procèdent dans leurs raisonnements avec une simplicité et une correction toute mathématique ; vaincre les préjugés par la bonne éducation et une réelle instruction, sortir de la routine par la science, élever, par l'instruction, l'ouvrier des arts manuels à la haute considération des ouvriers des professions libérales.

L'ouvrier français, d'un tempérament vif, nerveux, sensitif, pétulant, se lance, au contraire, à toute vapeur, dans ce monde infini d'idées nouvelles, sans tenir aucun compte du trouble qu'il apporterait dans l'ancienne société, sans se soucier en aucune façon des ruines incommensurables que la mise à exécution de ses élucubrations amoncellerait. Il serait assez tenté de tout détruire pour rééditier à sa guise.

Il considère généralement l'opposition à ses théories comme des obstacles systématiques. Ceux-là sont des ennemis qui ne pensent pas à sa façon. Il a voué une haine à mort au riche. La fortune est le produit du vol. Le capital est l'ennemi du travail. Le travail est maintenu en esclavage par le capital, lequel absorbe journellement le plus gros du bénéfice créé par le travail.

Il abolit définitivement le capital, persuadé, convaincu que, de cette disparition, dépendent la délivrance et le bonheur de l'ouvrier. Le capitaliste est le fléau de l'époque. Aussi a-t-il pour lui une haine mortelle et un mépris corrosif.

Et pourtant que cherche-t-il? Que demande-t-il à ses combinaisons? Que désire-t-il en définitive? Devenir riche, très riche, immensément riche! Or, s'il était conséquent avec ses propres théories, dès le jour où il aurait acquis de la fortune, il serait obligé de se haïr lui-même et de se mépriser lui-même, car, selon lui, la fortune provient du prélèvement injuste sur le salaire rationnel, intégral de l'ouvrier, action qui constitue le délit de vol.

Ces divergences si étranges et si prononcées entre les sentiments de l'ouvrier anglais et de l'ouvrier français ne sont pas dues uniquement à la différence des caractères, mais aussi et peut-être plus encore à la différence d'éducation.

En Angleterre, l'économie politique est enseignée dans toutes les écoles indifféremment, soit pauvres, soit riches.

En France, l'économie politique ne fait partie d'aucun programme d'instruction; elle n'est enseignée nulle part, pas même dans les principaux établissements.

En Angleterre, lorsque l'adolescent entre dans la vie de labeur, il en connaît tous les rouages, les droits comme les devoirs.

En France, même les plus instruits, les lauréats eux-mêmes en ignorent les plus simples éléments, n'en ont aucune notion. De cette coupable ignorance, tant de faux pas dans la vie pratique.

On enseigne partout en France, en bas comme en haut, avec une scrupuleuse attention, le catéchisme céleste, mais quant au catéchisme terrestre, il n'en est aucunement question nulle part, ni en haut, ni en bas. Les éducateurs de la jeunesse n'en possèdent, du reste pas, eux-mêmes, la plus élémentaire connaissance.

Il faudrait cependant en finir avec cette annihilante théorie que nous ne sommes ici-bas que pour y souffrir et gémir, et en somme pour y paresser en pouilleux.

Il me semble, au contraire, que, si nous sommes ici-bas, ce

n'est pas seulement pour lever les yeux au ciel ou regarder humblement la terre, marmoter des jérémiades et chanter des litanies, mais bien pour y remplir les fonctions que la nature spéciale de notre planète nous convie à y remplir. Se parfaire par le travail, le travail étant sur cette terre, couverte de ronces et d'épines, la plus noble et la plus honorable occupation de l'homme.

Par le travail, on se rend digne des plus hautes destinées. Par le travail seulement, on acquiert le suprême bonheur. Il n'y a d'existence bien remplie que l'existence laborieuse, l'existence où toutes les facultés morales et physiques ont leur entier développement. De cet entier développement naît l'harmonie entre l'âme et le corps, c'est-à-dire le parfait bonheur. Il en est de la machine humaine comme de la machine matérielle : bridez un des ressorts, et la machine éclate.

Nous avons en France de nombreuses sociétés d'enseignement populaire; mais pas une seule d'entre elles ne s'occupe d'une façon spéciale de répandre dans le peuple les éléments de l'économie politique, de la géographie commerciale, de la géographie industrielle, de la géographie minérale, ni les connaissances de la composition, de la valeur productive et des conditions de culture des divers terrains qui constituent la croûte du globe terrestre. En toutes choses encore, on marche à l'aveugle en France.

Les cours d'économie politique, professés avec tant de solennité et de morgue au Collége de France, sont des cours d'économie politique générale pure, et non des cours d'économie pratique.

Ce sont ces études humanitaires, à l'exclusion des études pratiques, que nos ministres, nos sénateurs, nos députés et nos conseillers d'État ont ébauchées dans leur jeunesse. Aussi nos élus, ignorants de l'état et des besoins de notre industrie, ignorants du fonctionnement particulier de notre commerce, plus ignorants encore en matière de construction navale, ont-ils conclu, le cœur léger, des traités désastreux, des traités qui sont la ruine de notre industrie, de notre commerce et de notre marine.

Nos naïfs humanitaires, prétendant que l'économie politique est une, égale pour toutes les nations, ont ouvert en grand nos frontières aux produits étrangers, tandis que les économistes étrangers ont fermé à triple verrou la porte à nos productions.

Si l'Angleterre fait exception, c'est qu'elle obtient sur le change des monnaies un bénéfice considérable, largement compensateur de la perte sur le prix de la marchandise. Grâce à ce bénéfice, resté inaperçu à nos législateurs, l'Angleterre peut vendre avec avantage sur le marché français des marchandises en perte sur le prix de la fabrication.

Loin d'opposer à ce procédé tout britannique un procédé équivalent, nous continuons, tant nous sommes bénévoles, à nous laisser voler impunément. Ces chers bons amis les Anglais, il ne faut pas leur faire de la peine en leur jetant leur infâme truc à la face, en leur prouvant leur manque de bonne foi.

De l'ignorance absolue de la pratique des affaires de la part de nos gouvernants, il est résulté que la France est devenue la vache à lait du monde entier. Chacun y vient pour y remplir sa gourde à pleins bords sans bourse délier. La France, qui est assez riche pour payer sa gloire, et, hélas! ses défaites aussi, est encore assez bonnasse fille pour laisser l'étranger épuiser ses mamelles, alors même qu'elle est affaissée et agonisante.

Les propos incohérents qui se tiennent dans ces congrès d'ouvriers sont un avertissement terrible ou salutaire. Ils nous annoncent à bref délai un cataclysme dont la France ne se relèvera pas, si nous ne nous hâtons de faire la lumière là où est l'obscurité.

Lumière en haut pour conclure des traités de commerce

avantageux; lumière en haut pour fournir l'aliment à notre industrie, c'est-à-dire pour donner du travail au peuple. Le premier devoir d'un gouvernement est de veiller à ce que les innombrables populations des grandes villes ne restent pas inoccupées, ne soient pas oisives, ne meurent pas de faim, car l'oisiveté est la mère de tous les vices et ventre affamé n'a pas d'oreilles.

Lumière en bas pour éviter que le peuple puisse être une proie facile pour les histrions et les politiciens, avocats sans causes, médecins sans malades, déclassés de toutes sortes, déguenillés de vertus, mais opulents en beau langage, sachant à merveille l'art d'exploiter la naïveté et la crédulité de la foule par l'excitation des esprits et le réveil de toutes les mauvaises passions.

N'oublions pas que le suffrage universel donne le pouvoir à la foule et que la foule ignorante est toujours à la merci des tribuns les plus flatteurs et les plus pervers. De l'instruction rationnelle et pratique de la foule dépendent le repos du foyer et la tranquillité de la rue, la bonne intelligence et l'accord parfait entre patrons et ouvriers, la paix au dedans et au dehors.

Dans le sein d'une nation dont le peuple est instruit et conscient des relations intimes qui existent entre les divers éléments d'une société constituée, les grèves, ce chancre de nos rapports sociaux actuels, disparaîtront à jamais de nos mœurs et seront remplacées par les associations, basées sur la mutualité et la solidarité des intérêts entre patrons et ouvriers.

Alors les congrès, au lieu d'être des réunions où la discussion, après avoir épuisé le catalogue des haines et des malédictions du travail contre le capital, à bout d'autres arguments, tourne au pugilat, seront des conférences sérieuses où s'élaboreront, dans le calme, les moyens pacifiques et pratiques d'arriver à la conciliation entre le travail et le capital.

De l'accord entre les deux principaux éléments de la richesse publique et particulière naîtra la plus haute proportion rémunératrice de chacun d'eux. Les anciens ennemis se trouveront, de par les avantages de l'instruction, transformés en amis réciproques et inséparables.

Les congrès de nos jours sont la manifestation de l'ignorance. Les congrès de l'avenir seront la manifestation de la science.

III

LES GRÈVES EN FRANCE

Papillon le 23 décembre 1883.

Quel est le but des grèves en France ? A qui profitent nos grèves ?

De l'aveu même des principaux meneurs, les grèves sont nuisibles à la fois à l'ouvrier et au patron, plus nuisibles toutefois à l'ouvrier qu'au patron, car, en général, l'ouvrier fait peu d'économies, tandis que le patron possède de grosses réserves.

Mais, elles ont cela d'avantageux pour nous et pour nos théories, disent-ils, c'est qu'elles servent à exciter les haines de classes et à entretenir l'agitation.

Par l'agitation nous comptons parvenir à constituer un quatrième état compact, serré, menaçant, qui s'emparera un jour, par le nombre et la force, du pouvoir politique et gouvernemental. Nous voulons devenir les premiers de derniers que nous sommes aujourd'hui.

En attendant la réalisation de ce rêve, nous sommes décidés à endurer la faim et même à ruiner l'industrie française, car, alors, sans travail, sans pain, affamés que nous serons, nous nous ruerons, sans pitié ni merci, sur nos patrons, sur nos capitalistes et sur tous autres détenteurs de la fortune. Nous dévorerons tous ceux qui ne sont pas nous-mêmes.

Nous serons enfin maîtres de la situation et nous en profiterons pour former une société ouvrière exclusive dans laquelle il n'y aura ni riches ni pauvres. Tous, dans cet ordre d'idées, seront au même niveau de bien-être matériel. Nous réaliserons ainsi la véritable fraternité, la vie en commun. Tel est notre système, notre idéal.

Ces aspirations insensées fermentent réellement dans le crâne surchauffé d'un grand nombre d'ouvriers et sont développées à outrance, chaque jour, dans toutes les réunions prolétariennes depuis le retour exodique de Nouméa. Le noir et anthropophage Calédonien a déteint sur le blanc Européen.

Si la théorie est aussi folle qu'absurde, la pratique, pour atteindre au but final, est aussi barbare que sauvage : tout détruire ; faire table rase de tout ; ne rien laisser debout de l'ancien monde.

Ces abominables exagérations dans les idées ne seraient certainement pas, quoi qu'on en dise, transformées en action, si l'occasion se présentait, car l'ouvrier français, quels que puissent être ses vœux du moment, quelque grand que soit son désir de satisfaire sa colère et sa haine, a trop de sens moral pour recourir à des crimes aussi monstrueux.

Les politiciens, ces beaux et fallacieux parleurs, lui ont facilement monté la tête contre le patron, parce que son imagination est très vive et passionnée et que son cœur s'émeut facilement au récit de l'injustice, mais de la parole à l'acte il y a heureusement place pour la réflexion.

Or, lorsque l'ouvrier français réfléchit, il revient promptement à la saine raison et, honteux de s'être laissé entraîner à de coupables pensées, il tourne sa rage contre celui qui a si déloyalement abusé de sa confiance et de ses sentiments. Combien avons-nous vu de politiciens, au langage fleuri et séduisant, être prestement évincés lors du renouvellement des élections !

Le gouvernement, en présence de ce dévergondage de paroles et d'idées, a tenu une conduite fort habile et fort judicieuse. Il a laissé pleine liberté à la discussion et à l'exposition de tous les systèmes, quels qu'ils fussent.

Il est résulté de cette liberté entière une véritable explosion d'une foule innombrable de doctrines, un tohu-bohu incohérent de propositions fantasques et burlesques s'entrechoquant les unes les autres avec une brutalité sans pareille et prétendant, chacune à l'envi des autres, à une supériorité incontestable.

Les exaltations et les animosités des partis entre eux en sont venues au point de faire oublier à l'ouvrier sa haine contre le patron et de faire tourner sa rage contre les sectes opposées à la sienne, de sorte qu'aujourd'hui toute assemblée socialiste commence invariablement par le coup de poing et se termine inévitablement par le coup de poing et l'assommement.

L'inanité de toutes les doctrines échevelées et leur rivalité entre elles promet à l'état social actuel une évolution sans cataclysme, une évolution toute pacifique. On verra bien encore de temps en temps quelques rassemblements de vauriens et de gueux à la solde des intéressés au trouble de la rue, aux variations de la cote de la Bourse, mais nous n'assisterons plus aux sauvageries des temps passés. Ni pétrole, ni dynamite, ni massacre d'otages ne sont à craindre.

Il ne ressort pas moins de la facilité avec laquelle les politiciens de bas étage parviennent à s'emparer de l'esprit des masses, que le mal et que le danger fermentent dans l'ignorance où est plongée la foule de tout ce qui touche aux questions sociales, gouvernementales, industrielles et commerciales.

Il y a lieu de se préoccuper de cet état de choses et de se hâter de le changer. Il ne faut jamais laisser un faux bruit, un mensonge s'accréditer, car de ce faux bruit ou de ce mensonge pris pour la réalité, peuvent résulter les actes les plus criminels, accomplis de bonne foi par les hommes de la plus sincère loyauté et de la plus intègre honorabilité.

Le seul remède contre l'influence perverse des malsaines doctrines est l'instruction. On s'occupe beaucoup avec une persévérance louable du dressage des animaux ; mais le dressage social de l'être humain a été fort négligé jusqu'à ce jour.

On est parvenu à dompter l'animal le plus récalcitrant, à le domestiquer même ; mais on a laissé l'être humain s'abrutir, se sauvagiser, se barbariser, avec intention je crois, ce qui est monstrueux, peu fraternel et aussi peu rationnel que peu prévoyant des conséquences fatales de cet abandon, car le danger, aujourd'hui, surgit du manque d'éducation et d'instruction, de l'ignorance dans laquelle on a systématiquement maintenu la foule.

Donc, éduquons, élevons, instruisons et dressons l'homme, si nous voulons que notre existence soit exempte de crainte et de soucis ; si nous ne voulons pas voir plus longtemps divisés ceux qui devraient être unis de l'union la plus intime ; si nous ne voulons plus voir confondre le pour et le contre ; si nous ne voulons pas qu'on continue à ne pas savoir distinguer l'ivraie du bon grain.

Dressé à la vie sociale par l'éducation et l'instruction, le peuple ne sera plus le jouet du politicien, la machine à émeutes, la dupe des organisateurs de grèves, le gibier du gendarme, la recrue de la correctionnelle. L'atelier alors sera toujours au complet et le cabaret sera désert.

La misère, cette hideuse plaie des monarchies, disparaîtra à mesure que l'instruction se développera et se généralisera. La forme républicaine est la seule forme gouvernementale qui puisse se donner le luxe de l'instruction répandue dans toutes les classes de la société et recueillir de ce luxe le point d'appui le plus inébranlable pour sa consolidation et le plus sûr comme le plus durable pour sa stabilité.

A qui les grèves en France profitent-elles? Hélas, à l'étranger! Lisez dans Louis Figuier la relation de la grève qui eut lieu pendant le second Empire et vous connaîtrez l'histoire de toutes les autres grèves qui ont pesé si lourdement sur nos ouvriers et sur notre industrie, et contribué si puissamment à relever l'industrie étrangère à bout de ressources, prête à tomber en faillite.

La corporation des chapeliers en Angleterre se trouvait en possession d'un stock considérable de chapeaux, vieux rossignols démodés, dont elle n'aurait jamais pu se défaire par les moyens ordinaires de vente sans éprouver d'énormes pertes.

Après avoir tenté sans succès plusieurs combinaisons de placement de cet immense approvisionnement, on ne découvrit rien de plus avantageux que d'organiser, à beaux deniers comptants, une grève générale parmi les ouvriers chapeliers en France. L'expédient réussit à merveille.

Les ouvriers français se laissèrent entraîner par les émissaires anglais et la grève fut complète. Le stock de chapeaux anglais s'écoula rapidement et les bénéfices qui résultèrent de cette opération furent considérables, malgré les fortes sommes dépensées pour entretenir les grévistes.

La grève récente des ouvriers du meuble de Paris a été excitée, non plus, cette fois, par nos bons voisins les Anglais, mais par nos ennemis séculaires, les reptiles allemands.

Les chantiers en Allemagne regorgaient de meubles, comme autrefois les fabriques anglaises regorgeaient de chapeaux. La vente ne s'effectuait pas ; on allait fermer les chantiers et renvoyer les ouvriers. L'émeute était imminente si le renvoi avait lieu.

Le gouvernement allemand, effrayé des terribles conséquences de cette grave situation, eut le bon esprit et la prudence d'intervenir à temps pour empêcher la grève d'éclater parmi les ouvriers nationaux. Il promit aux patrons de les indemniser des pertes qu'ils éprouveraient par une vente à vil prix.

Les ouvriers allemands, qui fourmillent malheureusement en grand nombre dans nos ateliers, reçurent ordre de fomenter la grève et les commissionnaires d'offrir aux patrons des meubles à un prix dérisoire tellement il était faible. L'ouvrier français se laissa séduire par l'espoir d'une augmentation de salaire, et le patron par l'appât d'un gros bénéfice.

La grève eut lieu ; la vente et l'achat eurent lieu aussi. Les magasins de Paris et de la province se trouvèrent instantanément pleins, comblés de meubles qui revenaient moins cher que le prix de main-d'œuvre de l'ouvrier français.

L'ouvrier allemand continua à travailler et ne chôma pas un seul jour. L'ouvrier français ne fut redemandé à l'atelier qu'après trois mois des plus dures privations.

Par cette vente à perte, mais éminemment politique et patriotique, le patron, l'ouvrier et le gouvernement allemands ont contracté, dès ce jour, une alliance offensive et défensive contre l'industrie de l'étranger, tandis qu'en France, par manque d'esprit de mutualité et de solidarité, par défaut de sens politique et par absence de sentiment patriotique, il s'est creusé un abîme entre l'ouvrier et le patron, abîme dans lequel notre industrie peut crouler.

Les grèves du Creusot et les grèves de Montceau-les-Mines sont des grèves purement politiques, à sens révolutionnaire, dans lesquelles les délégués étrangers ont joué le principal rôle, les tribunaux en ont fait bonne et due justice.

La grève des ouvriers chapeliers d'Aix offre un exemple écœurant de l'état d'ignorance en économie politique et industrielle dans lequel on abandonne le peuple. La fabrique de chapellerie d'Aix, renommée pour la belle qualité de ses produits, avait obtenu une commande très forte, exceptionnelle. Lorsque la nouvelle en fut annoncée aux ouvriers, ceux-ci, au lieu de se réjouir et d'accourir en masse aux ateliers, se hâtèrent de se mettre en grève.

Le directeur de la fabrique, mis, par cette conduite insensée des ouvriers, dans l'impossibilité de remplir ses engagements, résilia la commande et ferma l'atelier. La commande s'en alla directement en pays étranger, où patrons et ouvriers l'acceptèrent avec reconnaissance et l'exécutèrent avec empressement.

La grande grève des chargeurs de navires au port de Marseille est un des faits les plus effrayants par les conséquences désastreuses qui pouvaient en résulter. Si le bon sens n'avait fini par prévaloir et ramener les récalcitants à la raison, le port de Marseille se dégarnissait de navires. Tous les bâtiments s'en allaient charger et décharger à Gênes. Le premier port de France avait cessé d'exister.

Si on ne connaissait combien les têtes provençales sont impressionnables, irascibles et entêtées dans leurs décisions, on pourrait supposer que la main jalouse et gallophobe de l'Italien était la provocatrice et la directrice de cette grève si préjudiciable au port de Marseille et si avantageuse au port de Gênes.

Pensez-vous que toutes ces grèves ineptes, si fatales à nos ouvriers, à nos patrons, à notre industrie, à notre commerce, fomentées presque toutes par l'élément étranger avec le concours de nos politiciens de carrefour, auraient lieu si nos ouvriers et nos patrons pouvaient se rendre réellement compte des lourds préjudices qui en résultent non seulement pour le présent, mais encore et surtout pour l'avenir? Non! pas une seule grève n'aurait lieu, car le pire des arrangements entre ouvriers et patrons est préférable à la plus légitime comme à la plus réussie des grèves.

Pour faire cesser les grèves en France, pour en empêcher le retour, pour établir une confiance réciproque entre ouvrier et patron, le remède infaillible réside dans la connaissance de l'économie domestique, politique, sociale et gouvernementale, ainsi que dans la connaissance de la géographie industrielle et commerciale de toutes les contrées du monde. Il me paraît évident que, si l'ouvrier était bien pénétré des avantages de l'économie domestique, de la paix au dedans et au dehors, de l'observation stricte des règles sociales et gouvernementales, du travail permanent, de la connaissance du rapport entre le salaire et le prix de la marchandise, de la valeur et de la quantité du matériel fabriqué en pays étrangers, au lieu de se mettre en grève, il resterait ferme et assidu à l'atelier, comme un soldat au poste de bataille, pour vaincre l'industrie rivale étrangère et l'empêcher qu'elle ne tue la sienne qui est son seul gagne-pain.

Faites encore comprendre à l'ouvrier français les précieux avantages des sociétés mutuelles, des sociétés de secours, des sociétés de coopération, toutes sociétés si répandues en Angleterre. Faites valoir les bienfaits de l'épargne. Favorisez la formation des banques populaires, en si grand nombre en Allemagne et en Italie. Secondez l'organisation et le développement des syndicats ouvriers.

Instruisez, en un mot, le peuple d'une instruction en rapport avec sa situation professionnelle, d'une instruction pratique. Infusez en même temps un peu plus de patriotisme dans le cœur du patron, lequel, en général, est trop porté à employer des étrangers pour raison d'un salaire moindre.

Infusez un peu plus de patriotisme et de charité dans le cœur de la belle dame qui, par antipathie pour la République, délaisse les beaux produits de l'industrie française et se pare des vilenies de l'industrie étrangère.

Infusez, à haute dose, un peu plus de patriotisme dans le cœur de nos boudinés qui abandonnent le bon goût du vêtement et de la tenue de la race française, pour adopter les ridicules façons et les ridicules étoffes des Cokneys de Londres.

A vous, ouvriers, assez de cabarets et de haine ; retournez au logis et à la concorde. A vous, beaux messieurs du désœuvrement, assez de bières allemandes et anglaises, qui refroidissent le cœur et l'annihilent ; revenez au bordeaux, au bourgogne et au champagne, qui échauffent le cœur et la tête et inspirent les nobles sentiments de mutualité et de solidarité, par la pratique desquels les grèves de toutes sortes disparaîtront à jamais.

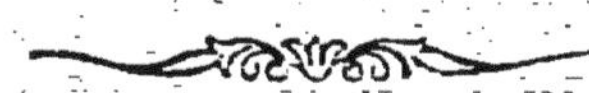

IV

L'ANNÉE MYSTÉRIEUSE

Papillon le 30 décembre 1883.

Mon beau et sémillant papillon aux ailes d'or, au corps d'argent, aux yeux plus-brillants que le diamant éblouissant, aux longues antennes plus douces que le velours et la soie, plus indiscrètes que Cupidon, plus curieuses que le très curieux Diable boiteux, dis-moi, gentil papillon, que sais-tu de la nouvelle année qui frappe à la porte? Que signifient les mille petits grimoires que tracent avec tant d'agilité tes petites pattes frémissantes?

Je sais que tu as jeté l'anathème sur la vilaine année que tu chasses loin de toi, indigné de tant d'horreurs répandues sur la terre avec une malignité insatiable.

Année terrible, année sinistre, te voilà, enfin, au terme de ta course néfaste! Que de victimes tu as faites, que de désastres tu as semés, que de crimes tu as commis!

Mort de nos plus grands hommes! Grèves insensées, coupables de lèse-patrie! Nihilisme, positivisme, possibilisme, anarchisme, que sais-je encore? Toutes les folies de cerveaux détraqués se sont donné libre carrière, carrière échevelée, carrière vertigineuse, course effrénée, renversant tout sur leur passage!

Sinistres maritimes, engloutissant des milliers de marins et de voyageurs et des trésors considérables! Cataclysmes, trem-

blements de terre, éruptions de volcans, bouleversement d'îles
et de continents, disparition de populations entières!

Peste, choléra, famine! Guerres permanentes! Peuples dé-
cimés par le despotisme! Conspiration effrénée des rois de
droit divin contre notre humble et bénévole République démo-
cratique! Haines politiques insensées et ridicules! Disparition
du patriotisme! Les élus de la nation se comportant comme
des goujats! Scandales d'un dégoût à provoquer des haut-le-
corps! Industrie, commerce, agriculture en détresse! Faillites
sur faillites.

Nous avons vécu une année maudite entre toutes, assourdis
par les clameurs des uns, les gémissements des autres, au
milieu d'énergumènes, d'épées ensanglantées, de revolvers en
joue, de poignards menaçants, de cannes prêtes à frapper, de
chignons arrachés, de cravaches sifflantes et cinglantes! Quelle
année horrible tu as été, année 1883! Va-t-en, satanée, sois
maudite!!!...

Année 1884, je te salue, sois la bienvenue! Que nous ap-
portes-tu du haut des régions éthérées, immortelles? Aurons-
nous la paix? Les peuples sont las de se haïr. Aurons-nous la
guerre? Les rois ne cessent d'exciter les peuples les uns contre
les autres.

Notre humanitaire République présente la branche d'olivier
à tous les peuples, et les rois disent à leurs peuples : « Détrui-
sez la République! »

Les calomnies domestiques et politiques seront-elles applau-
dies ou seront-elles châtiées? Serons-nous exposés à subir des
crimes d'une férocité et d'une atrocité de cannibales? Les riva-
lités malsaines de nation à nation se continueront-elles ou se
transformeront-elles en bienfaisante réciprocité?

L'année 1884 sera une année de concorde, d'apaisement
des passions. Il n'y aura ni Morinistes, ni Colombiéristes. Les
poignards rentreront dans leurs fourreaux; les cravaches reste-

ront paisiblement accrochées au mur ; les moissons seront belles et abondantes ; la République sera victorieuse partout à l'intérieur et à l'extérieur.

Le Chinois, l'Annamite et les Pavillons-Noirs recevront la correction qu'ils méritent pour leur fourberie et leur duplicité ; les haines politiques s'éteindront ; le dévouement à la République sera général et absolu ; les élus du peuple se décrasseront, se peigneront et ne feront plus usage que du beau langage à la tribune, au cercle et en famille.

Les monarques ne tendront plus de pièges à la République ; ils convoiteront, au contraire, son amitié ; les plus acharnés, les plus récalcitrants, viendront à composition. Humberto, ce macaroni réchauffé à la neige de Berlin, en sera pour sa *faccia feroce al nemico*. L'Italie tendra la main à la Gaule par-dessus ses épaules, quelque hautement germanisées qu'elles puissent être.

Le très gentil petit roi de toutes les Espagnes jettera au Manzanarès l'abominable houppelande des uhlans et, leste comme un *banderillo*, sautera d'un bond par-dessus les monts pyrénéens pour venir donner le baiser d'amour à sa chère et bien-aimée, la belle France.

Kronprinz, le racoleur de rois, temporels et spirituels, fera amende honorable et pliera genou devant le peuple souverain. A cette vue sacrilège, de Moltke restera pétrifié, et Bismarck furieux, l'œil hagard, la rage au cœur, l'écume à la bouche, se dévorera les poings, se tordra en convulsions hideuses et passera l'arme à gauche.

Le Tudesque, n'étant plus poussé par la schlague patriotique, ne déguerpira plus de sa puante taverne ; fumera béatement force pipes ; bourrera tranquillement sa grosse panse de choucroute, de porc et de bière salycilée ; puis, enfumé comme un hareng saur, gonflé comme une outre, ivre comme un Prussien, il s'endormira heureux en rêvant de ce *pon betit vrançais* qui ne lui cherche plus querelle.

Sois la bienvenue, année 1884, qui nous promets un ciel serein, l'amour gouvernant le monde, la terre couverte de fruits succulents, de fleurs aux mille parfums variés. Sois la bienvenue! Concilie l'ouvrier et le patron, afin que notre industrie, si maltraitée par l'année 1883, reprenne la première place parmi toutes les industries. Protège la France! Couronne ses efforts pour son relèvement.

Confiant en tes belles promesses, le papillon s'envolera de par le monde entier, portant à tous les êtres humains, aux fleurs, aux bois, aux prés, aux champs, aux fleuves, aux ruisseaux, à la fontaine, à la chaumière, la bonne nouvelle de l'année nouvelle.

Souviens-toi, année 1884, de tes serments! Le papillon les a tracés, en caractères ineffaçables, sur ses ailes dorées, sur sa gorge argentée! Souviens-toi!

V

LA PANACÉE UNIVERSELLE
A LA CHAMBRE DES DÉPUTÉS

Papillon, le 24 février 1884.

La recherche de la pierre philosophale, la découverte de l'eau de Jouvence et la composition du philtre d'éternelle jeunesse ont cessé depuis longtemps de caresser l'imagination enthousiaste et rêveuse des alchimistes modernes.

Aujourd'hui chacun court après la popularité avec l'ardeur et l'anxiété du naufragé vers la planche de salut, et, pour l'accaparer, c'est à qui renchérira sur son concurrent en promesses plus séduisantes et aussi plus fallacieuses les unes que les autres.

La poule au pot du vert-galant Henri IV ne satisfait plus personne, il faut la dinde truffée, avec accompagnement de vins généreux.

Les politiciens, ces charlatans de popularité, s'empressent de promettre dinde truffée, fin bordeaux, chaud bourgogne et champagne mousseux. Tous ceux-là jouiront de ce succulent festin journalier qui voteront pour le candidat présentement en équilibre sur la plate-forme.

Nos très honorables élus, ayant donc pris charge d'appétits; convaincus, du reste, que les consciences et les âmes sont dirigées par le plus ou moins de satisfaction du Gaster, et pénétrés, par conséquent, de l'importance sociale et vitale de la fourniture d'alimentation nécessaire au physique pour obtenir la parfaite harmonie entre les esprits, ont passé huit jours, huit grands jours, non pas dans le désert en méditations, mais à la tribune à piailler comme des pies borgnes sur l'extinction du paupérisme.

Il serait difficile et surtout peu récréatif de rappeler ici les diverses trouvailles des nombreux inventeurs qui se sont succédé à l'envi dans l'amphithéâtre national de la discussion; il suffira de dire qu'il n'est pas une seule de leurs drogues, si élégamment et si doctement présentée qu'elle ait été, qui, passée au creuset chimique du laboratoire ouvrier, n'ait été reconnue impropre, sophistiquée ou renouvelée des Grecs.

On a, donc, beaucoup parlé, longuement examiné, fortement discuté, pour arriver à découvrir rien qui vaille. A d'autres, messieurs les députés, la gloire et l'honneur. Quant à vous, retournez dans vos bergeries et soignez mieux vos moutons, car vous ne nous avez montré jusqu'à présent que des races étiques, malsaines, gonflées de gaz impurs et sonnant aussi fêlé que le tambour des pompiers de Nanterre annonçant le couronnement de la rosière immaculée.

Je présume fort que, vous sentant coupables de lèse-parole envers vos électeurs, vous n'avez voulu autre chose que leur jeter de la poudre aux yeux pour leur donner à croire que la recherche de leur bonheur avait été l'unique préoccupation de tous vos instants, de toutes vos études, de toutes vos veilles, alors que vous n'aviez pensé réellement, pendant toute la durée de votre mandat, qu'à balader, goinfrer, rire et danser, ou à patronner quelque banque véreuse et quelque journal-calomnie.

C'était, donc, purement affaire de réélection que la présentation de vos insensés succédanés proférée avec tant d'éclat, de cris et de gestes à la face de vos chers et trop crédules électeurs compatriotes. Il y a lieu de réchauffer nos élections, se dirent entre eux, un certain nombre, tout désappointés des nouvelles et cancans de leur pays à leur encontre. Le temps critique de l'épreuve approche; allons ! en avant la panacée !

Mais, nous aussi nous avons nos panacées, s'exclamèrent aussitôt un tas d'autres, et les meilleures. Et voilà que tout à coup la tribune est envahie par la multitude pâlissante au seul nom de scrutin de liste pour les prochaines élections. La queue des effarés en délire de réélection s'étend du pied de la tribune jusqu'à l'entrée du palais.

L'exposition des panacées fait explosion ; c'est une série intolérable de sornettes à faire pouffer de rire le plus simple des Mangins, et à mettre en fuite le pipelet le plus endurant et le plus endurci aux facéties des loustics du quartier Latin ; autant de mille livres de rentes que de poils sur la tête, ingrat pipelet, si tu consens à ingérer ma panacée, remède infaillible contre tous les maux.

Les politiciens de toutes nuances, intransigeants, opportunistes et monarchistes, ayant épuisé les arguments contenus dans leurs boîtes à malices, apparaît à la tribune le député Brialou, un véritable ouvrier celui-là, ouvrier *de manibus*, qui a souffert la faim, la soif, le chaud, le froid; qui a manqué de travail, qui a subi les grèves et que les ouvriers de Lyon, fatigués d'être le jouet des histrions en belles paroles, ont envoyé à la Chambre pour confondre les hâbleurs, pour expliquer la crise industrielle, pour dire les souffrances des travailleurs et prévenir qu'il était temps d'aviser.

Assez de jongleries, aujourd'hui même les affaires sérieuses. Je ne suis pas partisan du gouvernement *providence*, mais je condamne le gouvernement inactif. Il faut agir résolûment et chercher tout de bon. On hurle à la porte du temple des destinées patriotiques des hurlements de détresse. Notre devoir est de nous porter au secours des malheureux ; je n'ai pas de parti pris ; je ne connais pas de remède infaillible à la situation critique que nous traversons, sinon des atténuations ; telles, la charité du riche et la patience du pauvre, en attendant que nous, députés, qui avons charge des affaires publiques, nous ayons trouvé, à défaut de remède radical, au moins un puissant palliatif. Mettons la main à la pâte sans retard, dès aujourd'hui même, et tâchons de trouver quelque chose!

Sur ce, comme aucune des panacées présentées devant l'auguste aréopage n'a obtenu l'assentiment général, on a remis le soin du prononcé du jugement à une commission; ce qui signifie, entre autres choses, que, en désespoir de cause, on a enfoui la question dans le sein d'une commission.

C'est toujours ainsi que, chez nos savants élus, on se débarrasse du souci des causes gênantes et compromettantes. Les commissions, en leur qualité de groupe anonyme, ont bon dos; elles peuvent supporter, le cœur léger, les plus graves responsabilités.

A l'abri de cette commission, les intransigeants diront à leurs amis impatients : l'affaire est soumise à une commission; c'est nous qui avons fait nommer cette commission. Les opportunistes déclareront en résignés : l'affaire est livrée à une commission, nous attendons. Les monarchistes s'écrieront : que voulez-vous, on a jeté la question en pâture à une commission, de laquelle nous sommes exclus !

De cette façon chacun s'en lave les mains si la trouvaille n'aboutit pas. Or, comme les commissions de l'espèce sont des enterrements politiques, il n'est pas probable que la tombe s'ouvre jamais pour laisser annoncer la bonne nouvelle et crier à la foule affamée : *Eureka !*

Néanmoins, la bonne farce jouée aux empiriques intransigeants aura eu cette bonne fortune d'avoir introduit la question sociale à la Chambre des députés et de l'y avoir fait adopter comme question supérieure entre toutes, comme question vitale, comme question primant toutes les autres tant au point de vue humanitaire qu'au point de vue industriel, politique et patriotique. Dès aujourd'hui, le socialisme, déclaré jusqu'ici fiction chimérique, prendra rang parmi les sciences positives et sera l'objet de sérieuses études obligatoires, non seulement pour les hommes d'Etat, mais encore pour tous les citoyens indistinctement.

Est-ce à dire qu'on trouvera dans les arcanes du socialisme la vraie panacée, préoccupation des humanitaires? Non, je ne le pense pas. Cette étude ne conduira qu'à des palliatifs. Mais ces palliatifs atténueront considérablement de plus en plus les terribles effets de la misère. Le progrès humain tend toujours à monter. Le bien-être suit le progrès des lumières et de la science.

L'ouvrier, dans les premiers âges, était esclave; puis il est devenu serf; plus tard il a pris rang de sujet et, enfin, aujourd'hui, il est citoyen, l'égal de tous devant la loi. Le progrès est en toutes choses la loi essentielle de la nature. L'ouvrier montera encore, il montera toujours et il arrivera au sommet de l'échelle sociale; sa destinée l'y oblige. L'art manuel obtiendra la même considération que les arts libéraux. Le jour apparaît déjà dans le lointain où il prendra place au premier rang. Le capital-travail dominera, subjuguera le capital-rentier.

L'ascension du flot ouvrier est inévitable; il y a lieu de se préoccuper au plus tôt de faciliter cette ascension et de cesser de continuer à obstruer son passage, car, torrent impétueux, irrésistible, il briserait toutes les barrières et se précipiterait furieux à travers la société établie et la dévasterait de fond en comble. Ecartez donc du lit du torrent et de ses embranchements les obstacles nuisibles à l'écoulement paisible de ses eaux, adoucissez les angles trop brusques et ménagez-lui des déversoirs où il puisse remiser sa surabondance.

Pour guider le flot montant ouvrier, nous n'avons malheureusement à notre disposition, n'en déplaise aux politiciens et aux charlatans de popularité, que des moyens fort insuffisants, des palliatifs, bons tout au plus à endormir la douleur pendant quelques heures, à faire prendre patience pendant quelques jours. Pas un de nos moyens ne possède et ne peut posséder les vertus de la panacée.

Sur notre pauvre planète, où rien n'est parfait, où nous passons la vie à arracher ronces sur ronces, on ne peut espérer la perfection en quoi que ce soit. Notre nature humaine tient de la nature du sol que nous habitons et, tout comme le sol, nous sommes imparfaits. Aussi ne pouvons-nous créer que des choses imparfaites. Telle est l'essence de notre nature; il faut nous résigner bon gré mal gré.

Puis, tant que la lutte pour l'existence persistera d'homme à homme, de peuple à peuple, il y aura des victimes. Tant qu'il y aura rivalité d'intérêts nationaux à intérêts nationaux, tant que nous serons condamnés, pour notre sécurité, aux armées permanentes innombrables, dont l'entretien dévore chaque année des milliards; tant que nous serons contraints de bâtir des forteresses et des navires coûtant des millions et des millions; tant que notre système administratif, cette pieuvre gouvernementale, ce dressage d'idiotisme et de crétinisme, continuera ses vieux errements, tant que l'éducation de la jeunesse tendra à exalter le spiritualisme aux dépens du positivisme, à se désintéresser de la pratique réelle des affaires et à croupir dans l'ignorance des plus simples préceptes d'hygiène, il ne faut s'attendre qu'à une lente, très lente transformation de la société actuelle.

Les meilleurs éléments de vitalité et de vigueur ont été jusqu'à ce jour ou détruits entièrement, ou rendus improductifs, par les nécessités du service militaire et par le séjour atrophiant des bureaux administratifs. Le plus pur du sang de la nation a été dispersé en aveugle aux quatre coins du globe; le plus gros de nos finances a été employé en pure perte pour la civilisation et le bien-être des citoyens, car il a été absorbé par l'élément destructeur, la fabrication des armes offensives et défensives.

La crise actuelle que nous traversons écrasés est le résultat de nos inconséquences en économie politique et sociale, de notre imprévoyance, de notre ignorance, de notre manque d'énergie et de patriotisme. En 1883, comme en 1870, nous subissons les conséquences de nos fautes. L'armée du travail, tout comme l'armée de la défense, a manqué de science, d'outillage, de prévoyance, de courage et de patriotisme. Dans les deux immenses désastres, nous sommes tous, sans exception aucune, coupables au même chef : soldats, ouvriers, officiers, patrons, généraux, banquiers, industriels, commerçants, professeurs et disciples, gouvernés et gouvernants.

Toutefois, comme souvent à quelque chose malheur est bon, comme c'est à nos désastres militaires que nous devons une armée admirable, capable de repousser avec avantage toute nouvelle invasion, espérons que nos désastres financiers et industriels nous inspireront la circonspection et la prudence qui nous ont manqué. Espérons que nos finances redeviendront prospères et que notre industrie, grâce à un outillage perfectionné, nous reportera au premier rang que nous avons déjà occupé, comme nous l'avons occupé en politique et en art militaire.

On commence déjà en France à se fatiguer de cette horrible camelote que l'étranger nous envoie et qui, sous toutes les formes, avait envahi spontanément notre marché intérieur, à la suite de nos déplorables traités de commerce, dits précurseurs du libre échange, théorie-panacée de certains économistes. Déjà les camelotiers plient bagage et leurs magasins s'emplissent de bonnes et belles productions françaises.

Un peu de courage encore, un peu plus de persévérance et de patriotisme, et nous serons débarrassés pour toujours de toutes ces informes étoffes exotiques, aux couleurs

à de nombreux employés étrangers, faute d'employés français.

L'Algérie et la Tunisie, ces terres si fertiles, autrefois greniers à blé de Rome, sont occupées en majeure partie par des Espagnols, des Italiens et des Maltais. Les Français s'y trouvent en nombre très inférieur. La Calédonie, Tahiti et Noukahiva sont colonisés entièrement par des Anglais et des Américains; les Français y apparaissent en très petit nombre. La Cochinchine est exploitée principalement par des Chinois, des Allemands et des Anglais; il y a fort peu de Français. Les travaux du chemin de fer du Sénégal sont faits par des Arabes et des Italiens; il n'y a pas un seul Français sur les chantiers.

L'ouvrier français se plaint de manquer de travail, et les ateliers de la mère-patrie, comme ceux des colonies, sont vides de leurs bras et pleins des bras des étrangers. Quelle étonnante anomalie! Que signifient ces plaintes, sinon fausse spéculation, inconscience des situations nouvelles, manque d'énergie, abandon de soi-même, prostration générale, absence de patriotisme?

Au milieu de la mêlée de promesses de suprême félicité pour tous, à condition, bien entendu, d'adopter l'ours présenté par le prometteur en tribune, la note gaie, plaisante, comique, n'a pas manqué de se produire.

Les auteurs de la facétie sont deux catholiques fervents, passionnés, convaincus que : *hors de l'Église point de salut*. L'un propose le retour à l'Église catholique ou à l'atrophiement, et aux anciennes corporations, ou à l'annihilation de l'individualité. L'autre recommande la soumission au roi de droit divin, ou l'esclavage du corps et de l'esprit.

Ces offres saugrenues dans le sein d'une assemblée républicaine ont dû, comme vous le pensez assurément, faire sourire malicieusement les élèves de Voltaire, les élus du suffrage universel. Proposer sérieusement le retour à l'Église catholique, c'est-à-dire au jeûne, à la misère, à la confession et aux flagellations, à une population libre-penseuse qui demande la poule au pot tous les jours de la semaine, c'est s'exposer de gaîté de cœur à se faire rire au nez.

Si l'auteur de la singulière proposition avait voyagé tant soit peu dans la très catholique Espagne, il aurait pu se rendre compte de la fausseté des convictions des hidalgos de ce noble pays, car partout, en bas comme en haut, et surtout au milieu des congrégations de moines, il aurait entendu à tout instant de protestations bruyantes contre l'emploi absolu de sa panacée.

Ces protestations ne discontinuent pas de la part des moines et moinillons ; c'est un vrai vacarme assourdissant, dont le refrain : *por la salud del cuerpo*, se répète de bouche en bouche du matin au soir, du soir au matin, et semble avoir été adopté comme verset spécial, privilégié, de leurs litanies. Mais jamais, au grand jamais, on ne les entend s'exclamer : *por la salud del anima*, car les uns et les autres, vieux et jeunes, jeunes et vieux, quoique très fervents catholiques qu'ils sont, comprennent fort bien la vérité du proverbe : *mens sana in corpore sano.*

Quant aux corporations, ces sociétés de moines laïques, leur procès n'est plus à faire. Les encyclopédistes ont démontré pertinemment les vices de ces associations où l'individualité était sacrifiée au profit du groupe. Que de grandes intelligences ont été ensevelies dans les corporations !

Le retour à ce genre d'association n'est pas à désirer. Le temps des troupeaux humains est fini. La corporation d'autrefois serait un anachronisme à l'époque actuelle, où l'on exalte l'individualité.

Nous dirons aussi du roi, dont on préconise les avantages supérieurs, qu'il serait un retour en arrière, la restauration d'un passé condamné. Nous n'avons aujourd'hui aucune foi dans les promesses des rois pour le bonheur des peuples. Nous avons bien appris par la tradition que les rois avaient le privilège de guérir les écrouelles, mais nous n'avons jamais eu connaissance qu'ils aient préservé qui que ce soit du paupérisme, si ce n'est leurs favoris, leurs maîtresses et leurs mignons. Nous savons, au contraire, que les peuples n'ont jamais été si pauvres, si chair à canon, si dépouillés de leurs biens et de leur liberté et si indignement exploités que du temps des rois.

Les théories du catholicisme, dont le royaume n'est pas de ce monde, ne peuvent évidemment, en aucune façon, servir à l'amélioration matérielle du sort des travailleurs de ce monde. Elles n'ont d'autre application qu'aux besoins de la campagne antirépublicaine. L'inanité de ce bagage économique saute aux yeux de tous ceux qui ne sont pas aveuglés par les ténèbres de la routine et de la superstition.

En présence des déplorables conditions faites aux ouvriers de l'époque présente, conditions contre lesquelles les remèdes dont nous disposons sont insuffisants, et devant les fatales exigences de la lutte pour l'existence que nous subissons forcément en tant qu'individus et nationalités, notre devoir est de travailler à tâcher de préserver les générations futures de tomber dans nos errements.

La première garantie qui s'offre à notre esprit est l'éducation, puisque c'est à notre ignorance que sont dus tous nos malheurs. Développer l'individualité doit être le but de tous nos efforts. Le développement des forces innées empêchera l'homme de tomber dans le névrosisme, cette lèpre de l'époque, qui fait disparaître toute énergie, et qu'on s'abandonne à la douleur et au découragement.

Il faut diriger la jeunesse vers le stoïcisme, qui donne la dignité personnelle, l'amour de la vertu, la fermeté dans le malheur, l'austérité dans la conduite. Un seul reproche peut être adressé à cette doctrine, c'est l'exagération de l'égoïsme et de l'orgueil qu'elle entraîne souvent parmi ses adeptes. Mais cet excès sera tempéré par étude sérieuse, approfondie, de l'économie politique, étude qui fera comprendre les immenses avantages, pour chacun et pour tous, des vrais principes sur lesquels sera basée la société de l'avenir : *mutualité, solidarité, réciprocité.* Cette étude convertira l'égoïsme et l'orgueil en dévouement des uns envers les autres.

On ne saurait s'appesantir dans les écoles sur l'étude approfondie des sciences économiques, ce catéchisme terrestre. Bien comprises, l'économie politique et l'économie domestique conduisent d'un pas assuré à la fraternité des peuples par la réciprocité des besoins et des échanges, et par conséquent à l'abolition des lourdes et écrasantes charges du système offensif et défensif, qui sont le principal obstacle à la vie à bon marché.

En outre de l'instruction scolaire et professionnelle, il faut donner à l'adolescent l'instruction politique particulière au gouvernement du pays, afin que, arrivé à l'âge mûr, il ne suive pas aveuglément les politiciens et les démagogues, et ne devienne pas leur proie, leur machine à voter.

Dans l'état actuel de décomposition et de recomposition sociale, pour éviter que, plus longtemps, les politiciens, ces envieux, jaloux, faux et menteurs, que les dissolvants intransigeants, que les impuissants monarchistes, que tous ces charlatans de popularité profitent sans pudeur de la crise actuelle pour transformer les questions ouvrières en éléments d'agitation révolutionnaire, il faut organiser dans tous les centres indusriels des conférences gratuites où les ouvriers puissent trouver les connaissances des saines doctrines d'économie politique et domestique, où les questions ouvrières seront traitées d'une manière sensée, c'est-à-dire au point de vue de l'avantage réciproque des deux parties intéressées et au point de vue aussi du patriotisme, faisant comprendre que les sentiments de discorde mènent à la ruine, tandis que les sentiments de paix et de concorde mènent à la prospérité, expliquant que le plus mauvais arrangement entre patrons et ouvriers est cent fois préférable à la plus réussie des grèves; enseignant et prouvant combien sont décevantes les théories des médecins à tous maux; démontrant que le gouvernement ne peut intervenir dans les rapports entre patrons et ouvriers, sous peine de lèse-liberté.

Foin des pleurnicheries, des complaintes et des lamentations qui enlèvent toute énergie physique et morale, qui poussent de plus en plus en avant dans le gouffre de la misère par le découragement qu'elles font naître. Rejetons loin de nous les drogues sophistiquées des apitoyeurs; apprenons à l'ouvrier à marcher par le travail et l'économie à la conquête de ce capital, que les histrions de carrefour disent être son mortel ennemi, alors que, au contraire, c'est son soutien dans la lutte et son sauveur dans l'adversité. Soyons prudents et sages; n'exagérons ni crises ni remèdes.

Oui! il faut absolument mettre la main à la pâte et faire quelque chose. Il faut chercher le moyen de venir en aide à l'humble créateur de la fortune nationale, soumis en ce moment à une épreuve terrible, qui peut aboutir à une catastrophe épouvantable. Réunissons tous nos efforts, nous autres privilégiés, à quelque parti, à quelque école que nous appartenions et étudions de bonne foi, convaincus de la haute et capitale importance de nos études.

Le catéchisme terrestre, dont nous avons parlé, comprend tous les incidents et tous les problèmes de la pratique de la vie. Ces divers incidents et ces divers problèmes sont démontrés et expliqués dans les traités d'économie politique, domestique, sociale, industrielle et commerciale, ainsi que dans les ouvrages d'hygiène morale et physique.

L'hygiène physique et l'hygiène morale sont l'une et l'autre dans une dépendance intime de l'une et de l'autre. Le corps empreint dans l'esprit vigueur ou faiblesse, selon qu'il est robuste ou débile. Le moral soutient le corps en force ou l'abandonne à la défaillance, selon qu'il est bien ou mal trempé. De cette répercussion de l'un sur l'autre naît la nécessité de développer à la fois le physique et le moral et jamais l'un sans l'autre, c'est-à-dire jamais l'un au détriment de l'autre.

L'économie politique enseigne les lois de l'État, les relations des peuples entre eux.

L'économie domestique apprend la manière de gérer ses affaires particulières, de diriger au mieux sa maison et sa famille; elle fait apprécier les avantages de l'épargne et de la vie régulière.

L'économie sociale donne l'idée d'une société meilleure à mesure que la science se développe et que l'instruction se répand dans les masses.

L'économie industrielle et l'économie commerciale, deux sœurs inséparables, font connaître quelles sont les richesses en toutes matières premières et manufacturées des divers pays du globe; elles énumèrent les grandes industries et leur importance; elles indiquent les échanges à faire, les améliorations successives à apporter dans l'outillage et le travail, les bénéfices et les pertes sur tel ou tel article, le moment où la concurrence est possible et le moment précis où il faut s'abstenir de lutter.

Enfin on devra insister avec le plus grand soin sur la connaissance des lois usuelles, sur les avantages de l'épargne, des caisses de prévoyance, des sociétés de secours et de coopération; on fera également ressortir les bénéfices qui résultent des assurances, soit sur la vie, soit contre les divers accidents, incendies, blessures, et contre les chômages. On développera avec le plus grand soin les causes de la nécessité des caisses de retraite pour la vieillesse.

Ainsi préparé à la vie pratique, le jeune adolescent entrera dans l'arène de la lutte pour l'existence, armé de pied en cap contre les suborneurs et les charlatans de toute espèce. Déçu dans ses espérances fondées sur telle où telle entreprise, il saura où aller tenter de nouveau la fortune sur des éléments nouveaux, mais parfaitement connus de lui. Il ne sera jamais pris au dépourvu; ses ressources seront multiples. Il se gardera bien d'aller chercher le remède à ses malheurs dans ces pseudo-pharmacies, où les politiciens débitent tant de sottises politico-sociales à la face des travailleurs, qui ont l'extrême indulgence, du reste, de ne pas leur jeter des pommes cuites à la figure en signe d'assentiment.

Les patrons, de leur côté, possédant, en outre du capital, une solide et rationnelle instruction, comprendront que leurs ateliers ne doivent plus être des lieux infects, mal éclairés, mal aérés, des caves humides ou des galetas exposés à la bise, au givre et à la pluie. Ils loueront ou feront construire de vastes hangars à l'abri des intempéries, où la lumière et l'air se répandront en raison des besoins de la santé et du travail.

L'atelier ne sera plus alors une cohue, un mélange confus et désordonné de personnes, une école de vices et de scandales. L'atelier sera l'église, le temple, la synagogue de notre époque industrielle. La décence la plus scrupuleuse, la courtoisie dans les relations, l'amour du devoir, la conscience et l'honneur animeront seuls les sentiments de l'ouvrier, le jour où ces salutaires améliorations seront accomplies par les patrons.

L'instruction amènera la paix et la concorde dans la famille ouvrière, car elle aura fait comprendre à l'ouvrier comme au patron que le succès dépend de leur parfait accord. L'État ne peut rien autre, sans violer la liberté individuelle, que faciliter l'entente, par des lois spéciales, paternelles. Les vraies réformes s'accompliront d'elles-mêmes quand le principe de solidarité sera entré résolument dans le cœur et l'esprit des employés et des employeurs.

L'instruction, en donnant à la jeunesse la connaissance des lois économiques, développera en elle le sens de prévoyance, le respect des institutions, l'ardeur dans l'initiative et le courage dans l'adversité. Elle lui fera comprendre la nécessité de la paix au dedans et au dehors, l'utilité des sociétés de secours, les avantages de l'assurance, les ressources des banques populaires, les bienfaits des caisses d'épargne et de retraite, seuls remèdes efficaces contre les crises, le chômage et le paupérisme.

Le flot de succédanés qui a débordé de l'atelier en souffrance et qui a envahi à l'improviste la cervelle inquiète de quelques députés en quête de popularité, n'aura certes pas apporté sur le dos de ses vagues grondantes la panacée tant recherchée et si désirée, mais il aura eu au moins cet avantage, précieux entre tous, de prouver aux plus obstinés retardataires que la question sociale existe, qu'elle est devenue le principal objet des études et des méditations de tous les citoyens humanitaires et qu'il est urgent qu'eux-mêmes s'initient aux arcanes des problèmes sociaux et des lois économiques.

La panacée universelle est une chimère; elle n'existe pas plus que la pierre philosophale. La Commission des quarante n'apportera pas un remède souverain aux maux qui affligent les travailleurs, mais elle prouvera, bien certainement, qu'on peut obtenir, dès aujourd'hui, une certaine amélioration au sort des ouvriers en introduisant dans nos lois et dans nos mœurs l'esprit des vertus sociales par excellence : *mutualité, solidarité, réciprocité*; mais la panacée universelle, ainsi que je l'ai déjà dit, n'existe pas plus que la pierre philosophale, et ne peut être promise que par des charlatans de popularité.

VI

RÉCIDIVISTES

ANGLETERRE ET AUSTRALIE

Vraiment l'Angleterre en prend à son aise et semble croire que le monde entier doit se soumettre à son bon plaisir.

Autrefois, les Juifs disaient aux Gentils : « Nous sommes le peuple élu de Dieu, vous nous devez obéissance. » Tous leurs actes portaient le sceau de cette orgueilleuse et outrecuidante prétention.

Aujourd'hui, l'Angleterre arbore la même folle et fanatique arrogance ; elle se permet aussi les mêmes extravagantes prétentions à l'égard des autres peuples. La similitude de la morale des Juifs et des Anglais est frappante. Le Juif adore le Veau d'or et l'Anglais adore le dieu Dollar. L'un et l'autre ont exactement le même culte.

De cette adoration matérialiste est née en Angleterre la persuasion que tous les peuples doivent travailler pour emplir le ventre de son dieu affamé, insatiable. Cette insulaire juiverie est convaincue que tout ce qui ne concourt pas à l'accomplissement de sa monomanie est acte souverainement injuste, nuisible à la prospérité générale, et coupable de rébellion envers la volonté de Dieu.

Or, il paraît que nos récidivistes ne plaisent pas à notre chère voisine. Cela m'étonne d'autant plus de sa part que, récidiviste elle-même à la cent-millionnième fois, il me semble qu'elle devrait, au lieu de les repousser, leur donner l'accolade fraternelle, comme la chose se fait entre collègues et camarades.

Eh bien, pas du tout, l'amie voisine ne l'entend pas ainsi. Elle eût volontiers accepté des John Brown, à l'instar de la plus vertueuse des *queen*, mais elle ne peut en aucune façon admettre qu'à trois cents lieues des côtes de son Australie, peuplée de convicts anglais, la France transporte ses récidivistes.

C'est pour tâcher d'empêcher l'envoi en Calédonie de nos récidivistes que la pudibonde voisine expédie son très digne ambassadeur pour faire des représentations sérieuses à notre gouvernement, au sujet de la loi des récidivistes et de leur envoi en Calédonie, par la raison toute simple que la Calédonie est proche voisine de l'Australie. La raison vous paraît, tout comme à moi, un peu saugrenue, n'est-ce pas? C'est pourtant ainsi. L'Anglais ne se refuse aucune drôlerie envers le bon petit Français.

Les Anglais et les Australiens sont vraiment bien chatouilleux. L'Australie, née du convict et vivant au contact du convict, criant *raca* à la Calédonie, est un de ces phénomènes étranges qui déroutent la science des moralistes et des criminalistes les plus versés dans les multiples combinaisons des labyrinthes les plus inextricables du cœur humain. Et, à moins que les Australiens ne craignent que le rapprochement de nos récidivistes n'établisse entre eux une comparaison peu flatteuse à leur encontre, je ne me rends pas bien compte de leur antipathie.

Peut-être trouverons-nous le motif de cette aversion dans le souvenir du fait qui s'est passé en Californie pendant l'année 1848? A cette néfaste époque de notre histoire politique, le gouvernement exporta en Californie un millier de récidivistes, tous racaille émérite. Or, il se trouva que ces pires de nos gredins incorrigibles étaient de vrais parfaits gentilshommes, comparativement à la vermine anglaise et allemande expédiée dans ce même capharnaüm. C'est sans doute la crainte et la honte de la comparaison qui portent les Anglais et les Australiens à s'insurger contre l'envoi de nos récidivistes en Calédonie.

Ce peuple anglais, adorateur du dollar, a de bien singulières idées parfois, pour un peuple choisi par Dieu pour réglementer le monde terrestre. Ses inadvertances à l'égard des autres sont devenues telles qu'il me semble qu'il doit lui arriver, un jour ou l'autre, ce qui est arrivé à son prédécesseur et modèle, le Juif; il sera dispersé, car son ile est maudite. Un bon coup de balai sur cette terre, officine de tous les crimes internationaux, ce serait ma foi, bien mérité, bien humanitaire. Son outrecuidance dépasse toutes les bornes.

Aussi, je ne puis comprendre comment, en réponse à une prétention si audacieusement inconvenante, notre président du conseil ait pu conserver son sang-froid et ne pas s'écarter de la plus exquise politesse. Pour ma part, je l'avoue franchement, j'aurais préféré une réponse à la Cambronne ou à la Hyde de Neuville. Cette réponse aurait eu au moins l'avantage d'être comprise, car elle eût été à la hauteur de l'interpellation.

Il n'y a pas à se le dissimuler, ces sortes de réponses sont les seules réellement efficaces en pareilles circonstances. La preuve que le flegmatique Breton n'a pas compris la mordante ironie cachée sous la forme si polie de notre président du conseil, c'est qu'il s'est hâté de mettre les pieds dans le plat en se permettant de discuter de l'esprit de la loi française, lui étranger et Anglais, avec le chef du cabinet français. On ne peut pas être plus Anglais, c'est-à-dire plus oublieux des convenances et du respect d'autrui.

Mon Dieu! quand est-ce donc que nos ministres prendront enfin l'habitude de parler aux gens le langage qui leur convient et se départiront de la funeste manie de leur déverser à flots, en pure perte, les fines et spirituelles formules académiques de notre langue, si supérieure dans ses règles, de la plus pure politesse? *Margaritas ante porcos.* Tous les mortels ne sont pas parnassiens. Il y a malheureusement des Anglais de par le monde.

Mais cela n'en finira pas si on ne coupe court, une bonne fois pour toutes, à ces libertés sans gêne. Notre peu gracieuse et aussi très peu sincère amie, la voisine, en arrivera à se donner à notre égard le malin plaisir de la mouche du coche. Nous n'aurons plus alors ni trêve ni merci; notre gouvernement sera assailli à tout moment de réclamations burlesques et deviendra le jouet du gouvernement anglais.

Allons! ventre-saint-gris! un petit effort de vaillante énergie, et en avant le Cambronne! Je vous assure que c'est là le seul et unique argument qui convienne à ces malappris d'Anglais.

John Bull étant décidément affecté de la monomanie des représentations diplomatiques, surtout envers son intime ami, Johnny Frog, pourquoi donc, Johnny Frog, en vertu de la loi du libre échange de bons procédés, n'accumulerait-il pas de son côté, dans son portefeuille, gros nombre de représentations à l'adresse du gros John Bull? Le diable seul sait si le tas en serait énorme! Il atteindrait certainement, même en pressant lourdement, cent coudées plus haut que le dôme de Saint-Paul, et Hyde-Park ne suffirait pas à contenir la base de la pyramide expiatoire.

Alors, comment se passeraient les entrevues? John se présentant à Johnny un placet à la main, Johnny produirait incontinent placet contre placet. Nous sommes quittes, malin John Bull, dirait finaud Johnny Frog. Ou bien encore Johnny dirait à John : à telle époque, j'ai fait présenter au gouvernement anglais, par l'intermédiaire de mon ambassadeur, telle réclamation ; quand j'aurai la réponse satisfaisante, je m'occuperai de votre déclaration. Et, de la sorte, berné et peu satis-

fait, Bull s'en retournerait dans son humide étable et se re-
mettrait à entasser ordure sur ordure, jurant un peu tard qu'on
ne l'y prendrait plus.

Essayez de ce système des compensations emprunté aux
usages du tripot de la Bourse. Essayez-en crânement. Je vous
certifie qu'il fera merveille. Le succès en diplomatie est aussi
certain qu'en matière de finances. Tous les juifs sont banquiers,
donc tous les Anglais sont banquiers. Vous êtes par conséquent sûrs d'être parfaitement compris.

Ce système, que je préconise avec instance, est tellement
inhérent à leurs mœurs qu'ils ne peuvent se fourrer en tête,
ces Anglais, j'en jurerais, qu'il puisse en être autrement. En
un mot, agir de la sorte, c'est agir à leur façon ; c'est parler
leur langage ; c'est prendre exemple sur eux. Ils seront, évidemment, très flattés de l'hommage rendu à leur sociabilité
diplomatique.

Ah ! la belle occasion de faire l'expérience de mon système
qu'on a laissée bien maladroitement échapper pendant l'occupation de Tamatave !

Lors de l'emprisonnement à Tamatave du missionnaire-
pharmacien-espion anglais Shaw, empoisonneur d'âmes et
de corps, avait lieu presque en même temps, à Sierra-Leone,
l'emprisonnement d'un négociant français. Le gouvernement
anglais s'est empressé de réclamer des dommages et intérêts
en faveur de son sujet Shaw, quoique dûment arrêté, quoique
empoisonneur reconnu, et a obtenu du gouvernement français
l'élargissement et la grâce de l'empoisonneur et plus vingt-
cinq mille francs de dommages et intérêts.

En revanche, le gouvernement français n'a fait aucune réclamation au sujet de l'emprisonnement du citoyen français,
incarcéré illégalement par les autorités anglaises de Sierra-
Leone, et n'a demandé aucune indemnité. Cependant ce négociant a été reconnu innocent par les Anglais eux-mêmes et
s'est trouvé entièrement ruiné par le fait de la détention.

Mauvaises affaires, mauvais calculs, messieurs les ministres français. Ce n'est pas en agissant de la sorte qu'on fait respecter les nationaux en pays étrangers. Ce n'est certes pas l'abandon de vos droits et de vos nationaux qui vous fera respecter vous-mêmes et qui donnera à la République la place qu'elle doit occuper dans le monde.

Il y a présentement au Tonkin un quidam anglais répondant au nom de Guolqhum, envoyé par le gouvernement anglais pour baver des calomnies sur nos valeureux petits troupiers. Pourquoi le gouvernement français n'envoit-il pas au Soudan un écrivailleur pour raconter les conduites de Grenoble infligées aux troupes anglaises par les bandes d'Osman-Digma ?

Le consul anglais à Madagascar parcourt le littoral de l'île pour exciter les habitants à résister à la France. Pourquoi n'envoyons-nous pas en Irlande un hardi conspirateur pour raviver l'insurrection contre l'Angleterre ?

Vous êtes trop timorés, messieurs les ministres de France. Vous êtes trop honnêtes, vous êtes trop naïvement humains. Vous serez toujours joués et dupés.

Que nous disent les Anglais d'Angleterre ? Que les Anglais d'Australie se sentent menacés dans leur paisible existence par la présence de nos récidivistes en Calédonie ! Cela est faux, archi-faux. Ce prétexte a été inventé en Angleterre et importé en Australie pour irriter l'Australie contre la France.

Voilà la vérité vraie sur les agissements actuels des Australiens contre l'importation de nos récidivistes en Calédonie. L'Angleterre ne perd jamais une occasion de tâcher de nuire à la France et de lui créer des ennemis.

Il y a déjà quelque trente ans que l'Australie a manifesté des velléités d'émancipation, et l'Angleterre, qui tient à conserver cette colonie sous sa dépendance absolue, dans l'intérêt de son industrie et de son commerce, comme elle tenait à ne pas perdre la possession des États-Unis, craignant que la

France ne se porte, au moment propice, au secours de l'Australie, comme elle alla jadis au secours des États-Unis, fait flèche de tout bois pour rendre la France suspecte aux Australiens et la montrer à leurs yeux comme animée d'intentions de conquête le jour où ils seront détachés de la mère-patrie.

C'est, je crois, après la guerre de Crimée, si peu flatteuse pour l'amour-propre des Anglais, qu'il se répandit, à l'instar des effets de la foudre, une véritable panique en Australie au sujet de la venue prochaine des envahisseurs français, et que les habitants, par trop gobe-mouches, sollicitèrent avec instance, dans leur affolement insensé, l'envoi d'une flotte pour les protéger contre les projets ambitieux de la France.

Une flotte, en effet, fut envoyée en Australie pour calmer les appréhensions des Australiens terrorisés par le fantôme de l'invasion française inventée par l'Angleterre.

Ce succès, mémorable à jamais dans les fastes de l'école politique palmerstonnienne, est célébré à Londres par les adeptes, à l'égard des succès les plus glorieux de la doctrine de leur patron. Vous connaissez, sans doute, ministres de France et vous aussi, députés et sénateurs, la machiavélique folie frénétique dont Palmerston était animé contre la France : calomnier la France, calomnier la France quand même et sans cesse et à tout propos; il faut la rendre suspecte au monde entier. Les récriminations des Australiens contre l'envoi de nos récidivistes en Calédonie, n'ont pas d'autre point de départ que la mise en pratique des théories palmerstonniennes à l'égard de la France.

Il en est du mécontentement des Australiens au sujet de l'envoi de nos récidivistes en Calédonie, comme du mécontentement des Anglais de Chine au sujet de notre prise de possession du Tonkin. Pure invention du gouvernement Anglais.

Il n'est pas un Anglais, résidant en Chine, qui n'ait fait des vœux pour la réalisation la plus prompte de la conquête du Tonkin. C'est le gouvernement Anglais qui, par jalousie, inventait et publiait les récriminations des Chinois contre notre expédition. C'est le gouvernement Anglais qui invente et publie les récriminations des Australiens contre l'envoi de nos récidivistes en Calédonie.

Il n'est pas un habitant de Sydney, de Melbourne, d'Adélaïde et de New-Castle qui ne souhaite de tout cœur l'augmentation de la population européenne en Calédonie et dans les iles de l'Océanie. Quelle que soit la moralité de cette population, les Australiens n'en ont cure.

Autant d'Européens en Calédonie et dans les iles de l'Océanie, autant de clients pour le commerce de l'Australie.

C'est de l'Australie que les Européens, répandus dans les nombreuses iles de l'Océanie, tirent les produits nécessaires à leur subsistance, à leur industrie et à leurs échanges avec les indigènes.

Quant à la doctrine de Munroë que le gouvernement Anglais cherche à faire prévaloir en Australie, dans le but évident de semer la rivalité et les germes des haines séculaires qui existent entre l'Angleterre et la France, il se passera de bien nombreuses et nombreuses années encore avant que les Australiens aient l'insanité de créer chez eux l'esprit de chauvinisme. Ils ont et ils auront longtemps encore trop à faire chez eux et trop besoin de l'étranger, de quelque point du globe qu'il vienne, pour se donner les gants de jeter la pierre à qui que ce soit, et de s'en aller en guerre au dehors.

L'Angleterre s'est efforcée de tout temps et s'efforce encore aujourd'hui d'entraver l'avènement de la France à l'état de puissance coloniale. Préoccupée de la crainte de voir s'élever une puissance coloniale et commerciale, pouvant aspirer un jour à entrer en sérieuse concurrence avec elle, la jalousie et l'égoïsme la jettent parfois dans des accès ridicules d'une rage burlesque.

De cet état chronique de frénésie rabique contre la France, s'est exhalée l'opposition aux expéditions de la Tunisie, du Tonkin, de Madagascar et du Congo. A quel déchaînement d'invectives ne s'est-elle pas laissée entraîner contre la France, à l'occasion de ces expéditions? A-t-on jamais vu, depuis qu'il existe des traités entre les nations civilisées, un traité plus saugrenu, plus outrecuidant que le traité que l'Angleterre a contraint le pauvre petit Portugal à signer au sujet du territoire du Congo, traité dirigé contre la France, pour l'empêcher d'occuper l'embouchure du fleuve?

Oui, cette perverse nation en est arrivée à la période aiguë de la folie vertigineuse de la race juive se déclarant supérieure aux autres races, et appelée par Dieu à commander au monde entier. A quand la dispersion? Il me semble que le besoin s'en fait vivement sentir.

Le monde ne jouira d'une pleine tranquillité que lorsque l'Angleterre aura cessé de compter au nombre des nations. N'est-elle pas l'officine de tous les complots, de toutes les révolutions, de toutes les grèves et de toutes les guerres, pour empêcher chez les autres peuples le développement des arts, de la paix?

Écoutons le plus cynique des ministres Anglais, Palmerston, cet homme sans foi ni loi, ce semeur de discordes : « Si le monde, et la France, en particulier, disait Palmerston, jouissaient pendant vingt ans de paix et de repos, l'industrie et le commerce anglais seraient anéantis à jamais. »

Donc, semer la discorde entre les peuples est la pierre angulaire de la politique et de la puissance de l'Angleterre.

Instruits de ses satanées conspirations machiavéliques contre leur repos, leur prospérité et leurs relations internationales, comment se fait-il que les peuples ne s'unissent pas en un commun accord pour se débarrasser de ce félon ennemi? Comment se fait-il que la France, tant de fois victime, ne relève pas enfin haut la tête, et ne réponde pas par un énergique Cambronne à chaque malsaine représentation de cette maudite juiverie nouvelle?

Haut et ferme, l'honneur du drapeau français, ministres de France! Plus d'immixtion insolite de l'étranger dans nos affaires d'ordre intérieur. Envoyez paître l'Anglais impudent. Le pays ratifiera votre langage, et l'Anglais, voyant ses menées vaines, pliera l'échine et baisera vos sandales.

Rappelez-vous, ministres de France, que vous êtes tenus d'envoyer les récidivistes en Calédonie, sous peine de paraître fléchir devant la pression de l'Angleterre. Foin, donc, de toutes représentations insolites et maussades de la jalouse et querelleuse voisine d'outre-Manche!

En route, les récidivistes, pour la Calédonie.

VII

LA ONZIÈME CHAMBRE

Papillon, le 17 février 1884

Du milieu d'une douzaine de malfaiteurs, à figures patibulaires, se détachent deux jeunes hommes au visage correct et d'apparence honnête : ils ont dix-neuf ans seulement ; leur maintien et leur tenue n'indiquent pas des êtres endurcis, ni méchants, ni vicieux ; ils sont tremblants, ils ont peur, ils se serrent l'un contre l'autre comme pour s'enhardir, comme pour s'encourager mutuellement à vaincre la honte et à supporter bravement les regards inquisiteurs de la foule et des juges.

Ils sont de taille un peu au-dessus de la moyenne ; leur corps est svelte ; leur teint pâle indique la fatigue, la lassitude et le manque de nourriture. Rien de sinistre dans le regard ; au contraire, l'œil a une certaine expression de douceur ; on dirait deux jeunes écoliers, retour d'escapade nocturne et fort surpris de se trouver en pareille compagnie et surtout en pareil lieu.

— Levez-vous, dit le président du tribunal d'un ton grave et sec. — Vos noms et prénoms? — X..., X... — Vos domiciles? — Nous n'en avons pas. — Vos professions ? — Ajusteur, peintre. — Votre âge? — Dix-neuf ans. — Est-ce la première fois que vous comparaissez devant un tribunal? — Oui ! — Vous êtes accusés de vous être fait servir à manger, sachant que vous ne pouviez pas payer ! — Nous mourions de faim. — Pourquoi ne travaillez-vous pas? — Nous le voudrions bien, mais depuis un mois nous sommes sans ouvrage.

— Ainsi, depuis un mois, vous vivez d'expédients coupables? — Non, depuis hier seulement. — Combien avez-vous consommé à vous deux? — Un franc cinquante centimes.

Conformément aux dispositions du Code pénal en pareille circonstance, les jeunes gens sont condamnés à six jours de prison et cinq francs d'amende. Les coupables ont dix-neuf ans, ils étaient sans ouvrage et ils mouraient de faim! Prison et amende, telle est la justice humaine!

Quand les six jours de prison seront terminés et que le sceau du déshonneur sera gravé sur leurs fronts, on leur ouvrira les portes et on les mettra sur la grande route.

De quel côté vont-ils se diriger? A droite, à gauche, qu'importe! Ils sortent de prison! Quel que soit le côté vers lequel ils dirigeront leurs pas, le vide se fera devant eux, car ils sortent de prison, et cependant il faut manger. On a bon appétit à dix-neuf ans; on n'a pas envie de mourir à dix-neuf ans.

Alors, eh bien, alors! On entrera dans le premier cabaret venu, on mangera et on ne paiera pas, et on sera reconduit à la onzième chambre et de là on retournera en prison; et ainsi de suite pendant la vie durant.

Si telle est la loi humaine pour défendre la société contre les adolescents de dix-neuf ans qui manquent d'ouvrage et qui ont faim : la condamnation à la prison!

Telle est la nécessité humaine pour vivre à dix-neuf ans quand l'ouvrage fait défaut et que la faim talonne l'estomac : commettre le vol!

Prison et vol, vol et prison! Cercle éminemment vicieux, qui ne peut produire que les plus funestes effets, tant pour l'individu que pour la société.

Cependant, le premier devoir d'une société est de se prémunir contre tout ce qui peut nuire à sa sécurité. Or, la paresse, l'ivrognerie, le désœuvrement et le vol sont autant d'ennemis ligués contre elle. Que fait-elle pour empêcher la naissance d'abord et le développement ensuite de ces vices gangréneux?

Jusqu'ici la société ne s'est guère occupée que de punir le coupable. Malheureusement, la punition infligée comme moyen de correction est déshonorante et produit par cela même tout le contraire de l'intention du législateur; elle aggrave le mal en premier lieu, et finit par le rendre inguérissable.

Le mal parvenu à ce point d'inoculation, la société en est réduite, pour sa préservation, à faire disparaître le lépreux, soit par l'isolement perpétuel, soit par la mort : procédés aussi peu humains, aussi peu judicieux l'un que l'autre, et qui dénotent combien nous sommes encore éloignés de l'état parfait de civilisation et combien aussi nous restons voisins de la barbarie, malgré les nombreux siècles d'existence.

Laissant de côté toute sentimentalité, examinons les conséquences matérielles de nos lois criminelles. Le nombre des condamnés dès l'âge de quinze ans est considérable et tend à s'accroître d'année en année. En soumettant à l'inaction les citoyens qui enfreignent la loi, la société se prive pendant tout le temps de cette inaction de la puissance des forces vives innées dans chacun des coupables condamnés.

Les pertes éprouvées par suite de la condamnation à l'inaction s'accumulent de jour en jour jusqu'à former des quantités considérables. Ajoutez, à ces pertes de bénéfices du travail, les sommes énormes que coûtent le logement, la nourriture, l'entretien et le gardiennage de ces milliers d'improductifs, et vous serez effrayés à la vue des innombrables trésors employés à empêcher une malheureuse et énergique classe de la société de fournir sa part de production.

La société qui procède d'une façon aussi désastreuse à l'égard de ses intérêts matériels et moraux est une société aussi aveugle que barbare, aussi mauvaise ménagère que peu fraternelle.

Il serait cependant bien facile à la société, économe du présent et prévoyante de l'avenir, de se garantir contre ces pertes colossales et irréparables, sachant que le mal provient du manque d'équilibre entre elles des forces vives qui animent l'être humain, du dévelopement exagéré des unes au détriment des autres et de l'atrophiement de certaines de ces forces.

Les mauvais penchants, les vices, les crimes et les révoltes contre la société sont engendrés par la fausse éducation donnée à l'enfance et à la jeunesse. Guider l'enfant dans ses aptitudes primordiales et non le contrarier est la panacée infaillible pour arriver à former un citoyen honorable, respectueux envers lui-même, envers le prochain et envers la société. Rendez-lui l'éducation et l'instruction attrayantes, au lieu de repoussantes qu'elles sont aujourd'hui par le système de rigueur et de sur-menage adopté dans nos écoles.

L'enfant est essentiellement imitateur. Que ses éducateurs lui donnent de bons exemples, il les suivra par instinct. Les devoirs et les obligations envers la société, il les remplira en voyant ses professeurs les exercer et s'y conformer. Nature malléable et essentiellement sensitive, son corps et son esprit se développent selon les impressions qu'ils reçoivent du dehors. Le corps devient robuste lorsque les exercices auxquels il est soumis sont gradués en rapport avec la structure particulière. L'esprit s'élève et se moralise quand la leçon, sans le heurter, le dirige vers les beautés et les bienfaits de la vertu et les avantages de la science.

La société qui n'élève pas l'enfance de façon à ce que l'en-fant, devenu adolescent, puisse juger de l'utilité et de la né-cessité de l'obéissance absolue à la loi, ainsi que de la pos-session d'une profession compensatrice et rémunératrice, se rend coupable du crime de lèse-économie domestique et sociale.

Cette culpabilité, envisagée comme incapacité simple par les uns, comme insconscience pure par les autres, est considérée comme crime par tous les philanthropes. Ne pas élever l'enfant dans le respect de la loi et de la morale, ainsi que dans le goût du travail, de manière à pouvoir être utile à la communauté et à lui-même, c'est l'élever pour le vol et la prison.

N'arguez pas d'impossibilité matérielle, ni de philanthropie extravagante. Comptez les prisonniers, comptez les sommes dépensées pour les garder en prison, afin de garantir la société contre leurs attaques. Voyez aussi le nombre des enfants exposés à devenir hommes sans avoir été préparés à ce changement par les bienfaits de l'éducation, et dites-moi lequel des deux coûterait le moins cher, ou d'élever et instruire les enfants, ou d'encaserner et de nourrir les prisonniers?

La différence est colossale en faveur de l'éducation de l'enfance; mais on est habitué à l'emprisonnement, et on paye sans mot dire; c'est tout naturel de payer la prison, tant on en a l'habitude, tandis qu'on n'est pas habitué à élever l'enfant du pauvre. On rechignerait à donner le petit sou de l'école.

Oh! routine, sainte routine! jusques à quand ton règne néfaste durera-t-il? On a bien pris, cependant, l'habitude du petit sou pour le petit Chinois. Pourquoi donc ne prendrait-on pas l'habitude du petit sou pour le petit Français?

On me répondra: mais l'école est obligatoire; la République a décrété l'instruction obligatoire. Oui, cela est vrai, mais possible seulement pour les enfants qui ont culottes et sabots. Quant aux autres qui n'en ont pas, ceux-là restent dans leur fumier, et fumiers ils deviendront.

Je sais qu'en Belgique, en certaine ville, une société de jeunes gens, appartenant aux plus riches familles, montent à la mansarde, descendent à la cave, examinent les taudis et si, quelque part, dans un coin, ils aperçoivent une nichée: Femme, disent-ils, pourquoi vos enfants ne vont-ils pas à l'école? — Dame, mon bon monsieur, les enfants n'ont pas un seul vêtement à se mettre sur le dos. — Eh bien, madame, demain, on vous portera des vêtements et des sabots. Vous confierez vos enfants à la personne qui viendra; elle les conduira à l'école, où on les instruira et où on les nourrira. Le soir, on vous les reconduira. Vous aurez soin de les tenir propres et de ne jamais prononcer de vilains mots devant eux.

Quant à votre logement, des ouvriers viendront l'approprier. On vous donnera des matelas et des couvertures. Pour tout cela, nous n'exigeons qu'une seule chose; c'est que vous et votre mari vous travailliez, et que chaque semaine vous portiez à la Caisse d'épargne la petite somme que la nourriture de vos enfants vous aurait coûtée. Tenez, voilà un livret. Nous viendrons voir, une fois par semaine, si vous observez vos promesses.

Grâce à cette Société de bienfaisance, l'enfant du pauvre est sauvé du vice et devient un citoyen utile; il possède de l'instruction et un métier professionnel, selon ses goûts et sa nature. La méthode de cette transformation est bien simple et pas ruineuse du tout. Elle coûte, tout au plus, une soirée de café ou de cercle au beau monsieur, et une partie de théâtre à la belle dame.

Allons, mes belles dames et mes beaux messieurs de France, escaladez le grenier et donnez l'obole; Dieu vous le rendra au centuple. Il va faire froid cet hiver; on grelotte déjà là-haut; le mioche pleure.

Grâce à vous, il n'y aura plus de coupables de dix-neuf ans, et vous ne lirez plus dans les journaux les lugubres récits de crimes monstrueux commis par des enfants de quinze ans; vous n'entendrez plus parler de râfles de gamins pris en flagrant délit de vol, de bonneteurs, de souteneurs, de bandits arrêtant, spoliant, assassinant les promeneurs attardés sur les boulevards, la nuit. Il n'y aura plus de rôdeurs dans la banlieue, dévastant, saccageant et détruisant les propriétés pour le plaisir de saccager et de détruire, poussant même quelquefois le cynisme jusqu'au viol et à l'assassinat de quelque pauvre vieille femme. Histoire de se faire la main pour meilleure occasion, histoire de crânerie et de vantardise vis-à-vis des camarades timorés encore, craintifs, novices dans le métier du crime.

Maintenant, pour les jeunes hommes de quinze à vingt-cinq ans, qui n'ont pas eu le bonheur de jouir de votre humanitaire secours, qui sont sans profession, sans gagne-pain, sans asile, sans moralité, que ferez-vous?

Hélas! ici votre concours est insuffisant et même impuissant; l'intervention du Gouvernement devient indispensable dans ce cas. Il faut absolument que la loi soit modifiée et offre à la société d'autres garanties que l'emprisonnement et la mort des coupables, car l'emprisonnement, comme la mort, est une perte pour la société, une perte irréparable, moralement et matériellement.

De nombreux refuges-écoles existent pour les enfants abandonnés ou coupables, dès l'âge le plus tendre jusqu'à l'âge de quinze ans. Mais, à partir de l'âge de quinze ans, il n'existe pour eux que les maisons dites de correction, et qui, hélas! ne sont autres que des maisons de complète démoralisation. La seule chose que l'on apprenne réellement dans ces écoles, c'est le raffinement du vice sous les plus hideuses formes. Tout emprisonné dans une maison de correction en sort futur récidiviste émérite, et devient plus tard une proie pour le bagne.

La loi des récidivistes ne tardera pas à être votée; elle expurgera la mère-patrie sans doute, mais elle empoisonnera la colonie.

Or, ne croyez-vous pas que parmi les jeunes gens qui n'ont pas encore passé par la maison de correction, il n'y en ait pas un grand nombre chez lesquels on pourrait faire vibrer de nobles sentiments? honneur, amour-propre, patriotisme. Oh! le patriotisme! Honneur et patrie! Voilà ce qu'ils comprennent encore, ce qui n'est pas encore entièrement émoussé, éteint.

Eh bien! profitez de la chaleur de ce tison non encore amorti, et faites entrevoir à cette jeunesse, un instant dévoyée, la purification par le feu, par la poudre, par l'amour de la patrie. Oh! le baptême du feu, si on savait le donner à temps, quel admirable redresseur des natures égarées! quel plus puissant régénérateur et moralisateur! Soyez sûrs que si, au lieu de les condamner à la prison et à l'amende, vous leur proposiez de revêtir le costume des défenseurs de la patrie, tous, sans exception, accepteraient avec joie, avec reconnaissance, avec orgueil.

Vous voulez former une armée coloniale, eh bien! voilà des jeunes hommes qui vous offrent leurs bras vigoureux, leur cœur et leur sang pour aller en masse sauvegarder nos intérêts dans nos nombreuses colonies; au Sénégal, à Cayenne, au Gabon, au Congo, en Calédonie, en Cochinchine, au Tonkin, à Madagascar, en Algérie, dans les déserts du Sahara, partout, n'importe où il y aura à faire respecter les trois couleurs.

Formez donc le régiment des enfants perdus, régiment dont les officiers seront tous jeunes, pleins de brio et d'entrain; tandis que les sous-officiers, au contraire, seront de vieux grognards, médaillés et décorés. Un vieux grognard pour vingt enfants perdus. Ces vingt enfants perdus seront placés sous la tutelle et la férule du vieux grognard, partout et toujours, au feu, à la caserne, au bivouac, à la marche, toujours avec lui jamais sans lui; ils seront sa chose, sa propriété; et lui, sera leur père, leur vénérable père. Ah! dame, un père qui conduit ses enfants au feu et à la gloire, ça mérite d'être obéi et respecté!

Je vous promets merveille de ce régiment, et puis si, arrivés à un certain âge, munis de diplômes de bonne conduite et d'actions d'éclat, ces enfants perdus, devenus hommes corrects, désirent alors s'établir et vivre dans la colonie, accordez-leur les plus amples facilités pour l'accomplissement de leur désir.

Donnez-leur une concession de terrain, dont les revenus leur permettront d'avoir femme et enfants.

Il faut savoir, à notre époque, s'affranchir de la brutalité de la loi et s'avancer d'un pas assuré vers la régénération du coupable, et non plus continuer à aggraver le vice par la répression, qui est aussi criminelle que le criminel lui-même.

Envoyez cette jeunesse de dix-neuf ans à l'avant-garde de nos bataillons; envoyez-les en enfants perdus, et ils viendront régénérés, car le feu purifie, l'odeur de la poudre enivre d'enthousiasme, le son du tambour donne du jarret à la jambe débile, le pas de charge est enlevé, et le clairon strident sonne la victoire et l'honneur. Ils étaient jadis couverts de crimes; ils sont maintenant couverts de gloire!

VIII

MARIAGE

Papillon, le 10 février 1884.

Mariez-vous, vous ferez bien !

Oui, mariez-vous, vous ferez bien ! Le mariage est l'union de deux cœurs qui se donnent l'un à l'autre, qui se dévouent au bonheur de l'un et de l'autre. Leurs âmes ont les mêmes aspirations et appellent à l'envi l'une de l'autre tous les bienfaits, toutes les grâces du ciel et de la terre pour rendre heureux le compagnon de route dans la vallée d'épreuves.

Le mariage est la consécration et l'application des trois principes sociaux : mutualité, solidarité, réciprocité, principes en dehors desquels tout n'est qu'égoïsme, désordre et confusion.

Mariez-vous, vous ferez bien ! Le célibat, c'est l'arbre stérile ; le mariage, c'est l'arbre chargé de fruits.

Le célibataire est égoïste ; il se soustrait aux lois de la nature et aux devoirs envers la société et la patrie. C'est un vagabond, sans feu ni lieu, aussi inutile que nuisible à l'humanité.

Par le mariage, l'homme et la femme accomplissent les devoirs imposés par la nature et par la société. Ils sont citoyens utiles, respectés et vénérés. Par le mariage, le foyer domestique et le sol de la patrie auront des défenseurs dévoués dans les nombreux enfants issus de cette union éminemment sociale et patriotique.

Mariez-vous, vous ferez bien ! Oui, certainement, le mariage est préférable au célibat. Mais dans quelles conditions le mariage doit-il être contracté pour pouvoir tenir les brillantes promesses de bonheur qu'il fait miroiter devant nos yeux? Qu'entend-on par époux assortis? Les époux assortis ont-ils même âge, mêmes goûts, même fortune? Les époux assortis sont-ils d'âge différent, de goûts différents, de fortune différente?

Même âge ne me paraît pas être une condition de bonheur durable. Il n'est personne qui ne sache que la femme est raisonnable à un âge où l'homme est encore enfant. Or, un enfant ne peut pas être un époux sérieux, un époux protecteur. La femme, en général, de constitution délicate, aime à trouver dans son époux la force et la vigueur qui lui manquent, un défenseur du foyer et de l'honneur, un soutien dans l'adversité, un conseiller intime, un maître robuste et énergique, capable de l'aider et de la protéger. Nous devons donc écarter les conditions d'égalité d'âge pour constituer le bonheur durable dans le mariage.

Maintenant, quelles sont les limites de la différence d'âge entre deux époux assortis? La science physiologique est en cela d'accord avec l'usage; elle conseille une différence variant depuis cinq ans jusqu'à dix. Les mariages contractés en dehors de ces limites, fixées par la science et consacrées par l'usage, sont des mariages disproportionnés, destinés fatalement à produire tôt ou tard deux victimes.

Les époux auront-ils mêmes goûts et même fortune? Cette égalité de situation morale et matérielle des futurs époux paraît de prime abord devoir constituer le bonheur parfait. Mêmes goûts indiquent même humeur, même caractère, mêmes penchants. Même fortune suppose même éducation et même instruction. Dans cette union entre deux semblables, point de contradictions, point de contrariétés provenant de l'un ou de l'autre; au contraire, toujours, en toutes circonstances, même manière de voir, de ressentir, d'apprécier l'heur et le malheur; sentiments de toutes sortes entièrement égaux, également partagés. Il n'existe point la plus minime différence entre leurs sensa-

tions au sujet des divers événements qui peuvent se présenter
dans le cours de la vie. Ce que l'un veut, l'autre le veut aussi.
Ce que l'un pense, l'autre le pense de la même façon.

La vie s'écoulerait dans cette monotonie somnolente de l'égalité parfaite, sans choc ni passion, si de l'uniformité non inter-
rompue de l'existence ne naissaient pas infailliblement à telle
ou telle époque, tôt ou tard, le mortel ennui, la lassitude accablante, la satiété répugnante, le besoin instinctif de la variété,
de la connaissance de l'inconnu.

Dès que cet état physiologique apparaît dans le ménage
homogène, la désaffection s'introduit peu à peu, sans bruit, en
tapinois, dans le sein du foyer. Ah! c'est si attrayant l'inconnu
pour une femme! Comment, il n'y a pas autre chose? Ce sera
donc toujours ainsi? Oh! il faut que je cherche, que je sache!

Et alors, elle s'en va, la désenchantée, la curieuse, à la découverte de cet inconnu si attrayant, si appétissant. Elle le
rencontre sans trop de peine. Quelquefois elle s'y concentre
tout entière, oubliant époux et enfants. Quelquefois aussi,
repentante, elle se retire pleine de dégoût, souillée de parjure
et d'infamie, traînant dorénavant une existence bourrelée de
remords et de honte. Souvent elle en meurt de chagrin. L'uniformité de l'existence à deux l'a perdue à tout jamais.

Où trouverons-nous donc le bonheur dans cette union sacrée
du mariage si, doués des mêmes goûts et de la même fortune,
les conjoints aboutissent à une catastrophe?

Nul ne proposera, ni n'admettra, bien certainement, la vie
en commun à deux êtres ayant des goûts différents, car les
contrariétés seraient continuelles dans le ménage, le désaccord
naîtrait dès le premier instant de l'union et ne ferait par la
suite que s'accentuer davantage de jour en jour. Ce qui plairait
à l'un déplairait à l'autre; la passion de la veille se transfor-
merait le lendemain en aversion insurmontable. Cette union
serait un supplice, un martyre pour tous les deux.

Examinons à présent, si, par hasard, nous ne trouverions pas le bonheur conjugal dans l'association de deux époux de fortune différente, parfaitement assortis, du reste, quant à l'âge, à l'éducation et à l'instruction.

Dans ce cas exceptionnel sans doute, vu l'égoïsme et l'appétit immodéré des richesses à notre défaillante époque, il faut nécessairement que l'amour du plus riche des deux ait été éveillé par un sentiment de haute estime à l'égard du plus pauvre et par les qualités personnelles que celui-ci possède, qualités qui, aux yeux du riche, compensent largement le manque de fortune. En outre, un pareil choix de la part du riche dénote en lui une haute noblesse d'instincts et de sentiments, une délicatesse et une générosité de la plus exquise pureté.

Partis de deux points diamétralement opposés, nos deux pèlerins se rencontrent un jour sur le chemin de la vie, échangent leurs pensées et leurs sensations, se communiquent les impressions et les divers incidents du voyage en solitaire, en seul à seul, et, pleins d'admiration l'un pour l'autre, font le serment de cheminer dorénavant ensemble, de partager les joies et les peines et de réunir leurs surprises particulières, surprises du pauvre avec les surprises du riche, dont le contraste frappant éveillera en chacun d'eux des émotions morales nouvelles, leur fera connaître et apprécier un monde nouveau, dont ils ne pouvaient auparavant se figurer la réalité.

L'un, pauvre, racontant ses peines, ses travaux, ses chagrins, ses privations, ses joies enfantines en présence de la difficulté vaincue, du péril surmonté, et puis enfin, chantant son bonheur ineffable, arrivé au terme de son voyage de labeurs et au seuil du temple de toutes les satisfactions.

L'autre, riche, se complaisant à dire les merveilles éblouissantes, les jouissances infinies qui ont embelli son existence depuis sa plus tendre enfance, et, maintenant, avouant le bonheur inexprimable qu'il ressent de pouvoir faire participer le compagnon de son choix à toutes les féeries de la fortune.—

N'est-ce pas, en effet, la plus suave des jouissances que celle dont on jouit à la vue de la jouissance donnée au bien-aimé et ressentie par le bien-aimé?

Cette union du riche et du pauvre sera un dévouement sans bornes de l'un envers l'autre ; elle sera sans cesse nourrie et raffermie par une surprise nouvelle, tantôt suscitée par l'un et tantôt par l'autre.

Nés dans des régions différentes, que de choses étranges ils auront à se raconter ; que de choses ignorées dont ils auront à se communiquer les avantages, les agréments et les jouissances ! Ce qui viendra de l'un sera inconnu à l'autre et, par conséquent, d'un attrait nouveau. Ces deux existences si différentes dans le principe, réunies aujourd'hui, se compléteront l'une l'autre et formeront par leur réunion un ensemble complexe dans lequel les joies du riche et du pauvre viendront s'harmoniser et former l'accord parfait.

Mariez-vous, vous ferez bien! Femme riche, prenez homme pauvre. Homme riche, prenez femme pauvre.

IX

LE LOGEMENT

Papillon, le 18 mai 1881

Dans les grandes villes, le logement joue un grand rôle, un rôle prépondérant, tant au point de vue commercial, industriel et particulier, qu'au point de vue des relations des diverses classes de la société entre elles.

Tous les habitants, à quelque classe qu'ils appartiennent, quelles que soient leurs occupations, souffrent énormément de la mauvaise disposition du logement. Ou il est mal situé, mal exposé, mal divisé, fort incommode, très-insuffisant, ou il est trop éloigné du centre des affaires.

Vu les changements qui s'effectuent, si rapidement et d'une façon si inopinée aujourd'hui, dans toutes les branches de l'industrie et du commerce, il serait bien difficile, sinon impossible, de créer de toutes pièces une ville satisfaisant complètement à toutes les exigences du moment, car la ville ne serait pas plutôt bâtie que, par suite des progrès de la science, elle se trouverait fort incomplète, le jour où les locataires entreraient en possession de leurs logements.

Quelle que soit donc l'époque, quel que soit le soin apporté à l'aménagement du logis, il ne pourra être obtenu satisfaction absolue, car l'amélioration à désirer selon le goût du jour et la science du jour en sera forcément exclue.

Mais de ce que satisfaction entière ne peut jamais être obtenue pour personne, quelles que soient la situation et la condition de fortune, il est cependant un fait certain, c'est qu'il y a contentement bien au delà du *faute de mieux*, et, dans l'état actuel, le riche n'a qu'à s'en prendre à lui-même des inconvénients de la demeure choisie, tant la diversité du choix est grande!

Bien autre est la question du logement pour l'ouvrier, pour le petit employé et pour le pauvre. Il arrive que, dans beaucoup de cas, ces déshérités de la fortune ne sont pas logés comme des êtres humains.

La nuit, qui est faite pour consoler des fatigues et des soucis du jour, n'est pas un temps de repos ni de calme pour eux. Le vent, la pluie, le froid, sont souvent plus maîtres du logis que leurs personnes.

Ajoutez à ces tribulations l'obligation de se coucher tard et de se lever tôt.

Puis les murailles du gîte sont si peu solides sur leurs fondements que la maison entière tremble, comme fiévreuse, au passage du plus léger chariot dans la rue avoisinante. La maison a le frisson toute la nuit.

Ensuite, d'un logis à l'autre, le moindre bruit se fait entendre. Ces malheureux sont continuellement en communication forcée de leurs tourments particuliers. C'est la traînée de poudre qui traverse et incendie la longue file d'appartements; les cris du mioche de l'aile droite retentissent au logis de l'aile gauche, en assourdissant tous les logis intermédiaires. Joies ou chagrins, chagrins ou joies, toutes les émotions d'une famille deviennent les émotions de toutes les autres familles amoncelées dans toute l'étendue de la longue rangée des chambrées. Quand il y a un malade quelque part, toute la maisonnée assiste aux gémissements, aux pleurs et aux imprécations du patient. Tout cela grouille ensemble, quoique séparé. On dirait une pile électrique à plusieurs éléments.

Un grand nombre d'essais ont été faits pour loger convenablement le journalier, c'est-à-dire l'employé vivant du salaire du jour. On a bâti à grands frais de grandes cités à mille com-

partiments, placés à côté les uns des autres, échelonnés les uns
sur les autres, c'est-à-dire que l'on a encaserné la misère, de
telle sorte que là, comme à la caserne, il s'est produit une
promiscuité malpropre, malsaine, horrible, insupportable. Les
locataires se sont enfuis écœurés, dès que l'occasion s'est présentée.

Aujourd'hui, la manie est aux petites maisons isolées les
unes des autres. Cela est certainement un progrès sur la caserne; mais ces sortes de constructions ne peuvent se bâtir que
sur des terrains à bon marché, et par conséquent en dehors des
remparts.

Dans ces chalets, à rez-de-chaussée seulement, l'employé
est logé à bon marché, sainement et confortablement; mais,
pour se rendre de sa maisonnette au travail, et pour retourner
du lieu du travail à sa maisonnette; quelle longue distance à
parcourir !

S'il fait le trajet à pied, il perd en route une partie de la
journée, et il arrive à l'atelier harassé par la fatigue de la
longue marche.

S'il veut profiter de l'omnibus, c'est un surcroît de dé-
pense; il peut en outre attendre longtemps une place, quelquefois aussi il n'en trouve pas.

Lorsque l'ouvrier arrive trop tard au chantier, à l'usine, à
l'atelier, son salaire se ressent de ce retard, et il est diminué
en proportion.

Ce mode de logement, malgré ses avantages au point de vue
de la santé et de la tranquillité, laisse encore beaucoup à désirer. Il ne peut convenir qu'à des retraités du travail, à des
rentiers. Mais, pour l'ouvrier, ce joli petit ermitage, si attrayant, si confortable, est sujet à trop de pertes de temps, à
trop de dépenses imprévues par suite de son éloignement du
lieu du travail.

Que faire si la vieille maison est un cloaque infect, si la magnifique caserne est un enfer, et si la maison de campagne, saine et à bon marché, revient, par suite de l'éloignement, plus cher que le cloaque, plus impropre à sa destination que le palais-caserne?

J'ai toujours pensé que la solution de ce difficile et si important problème se trouvait dans la maison de ville, dans la grande maison. Supposez ces maisons bâties de façon à réserver les quatrièmes et cinquièmes étages pour de petits logements à bon marché: deux chambres et une cuisine : le tout au prix de un franc par jour. Ce prix, si minime qu'il paraisse, ne serait pas désavantageux pour le propriétaire; il se convertirait au contraire en un grand bénéfice, car les locataires ne manqueraient jamais pour ces logements; il n'y aurait pas de morte saison pour eux; tandis que, lorsque les étages supérieurs sont disposés en grands appartements, il est bien rare qu'ils soient occupés, de sorte qu'ils sont ruineux pour le propriétaire.

L'ouvrier logé dans ces grandes maisons jouirait d'avantages considérables en bien-être, en confortable, en salubrité, et en ayant ainsi la faculté de pouvoir se rendre à l'atelier sans frais, ni fatigue, ni perte de temps.

Le logement en ville, au centre des affaires, est un bénéfice multiple pour les ouvriers. Tout concourt, par la possession de ce logement, à leur procurer les satisfactions de la famille et du ménage, dont ils étaient privés auparavant.

L'ouvrier étant logé dans une belle maison, propre et saine, le logement étant confortable et agréable, il trouvera du plaisir à rester le soir auprès de sa femme et de ses enfants. Le cabaret n'aura plus pour lui aucun attrait. On peut dire de semblables logements qu'ils seront la reconstitution de la famille et le rétablissement de la vie patriarcale.

Dans ces logements privilégiés, l'air et la lumière, ces principaux éléments de la santé, seront à profusion. L'eau et le feu s'obtiendront par la simple ouverture d'un robinet. Quel soulagement pour la ménagère de n'avoir plus à monter ni l'eau, ni le bois, ni le charbon ! Quelle économie de temps ; quelle facilité de propreté !

Tout contribuera dans ces nouveaux logements à régénérer le corps et l'esprit. On se ressent, la vie durant, du plus ou moins de confort du logement où l'on est né, du logement où l'on a passé les premières années.

Le mauvais logement aigrit le caractère par suite des souffrances de toute sorte que l'on y endure. Dans bien des cas, la prison est cent fois préférable au taudis paternel. Aussi, que de mauvais drôles à rouler et à rôder la nuit dans les rues des grandes villes ! Aujourd'hui gamins, demain forçats.

Et puis, combien ces logements seraient propices à la fusion des classes, si divisées de nos jours, tellement étrangères les unes aux autres, que la haine, la jalousie, le mépris, le dédain et la méfiance semblent être les seuls et uniques sentiments existant entre elles.

Parmi ces nombreux petits ménages, que d'industries variées seraient représentées ! Au sein des familles riches, habitant la même maison, que de nombreuses réparations, que de fréquents changements dans l'ameublement, dans les dispositions de telle ou telle installation !

Eh bien ! dans les occasions où la présence d'un ouvrier serait nécessaire, point ne serait besoin d'envoyer chercher au dehors le serrurier, le tapissier, l'ébéniste, le charpentier et autres ; il y aurait sous la main, dans la maison, des ouvriers des divers corps de métier qui pourraient, le matin, le soir, et le dimanche pendant toute la journée, faire tous les changements et toutes les réparations désirables.

L'ouvrier, de son côté, serait heureux de trouver du travail à ses heures perdues et aux jours de chômage. Le riche et le pauvre, abrités sous le même toit, se rendraient ainsi de mutuels services. Les relations d'intérêt les réuniraient d'abord, ensuite peu à peu s'établiraient les relations de sympathie.

Le travail de l'ouvrier habitant la maison ne coûterait pas aussi cher que celui de l'ouvrier habitant dans un quartier éloigné, et ce travail serait mieux conditionné, fait avec la perfection qu'inspirerait le désir d'être agréable. Ensuite, le riche ayant l'ouvrier sous la main, n'hésiterait pas à le faire appeler au moindre petit accident arrivé dans l'ameublement de ses appartements.

De cette facilité de communications résulteraient des rapports fréquents, et, de ces rapports, naîtraient l'estime et la confiance réciproques. Le riche, alors, ne serait plus l'accapareur de la fortune, l'ennemi de l'ouvrier ; et l'ouvrier ne serait plus l'anarchiste ayant juré haine et mort au riche.

Il n'y a pas de plus puissants conciliateurs que les rapports journaliers entre le riche et le pauvre. Ces rapports éteignent la haine et le dédain qui en avaient fait deux ennemis avant que leurs relations fussent établies. Quand les ennemis se rapprochent et se connaissent, la terreur qu'ils s'inspiraient réciproquement disparaît bien vite, et, après loyales explications, ils sont tout étonnés d'avoir été adversaires l'un de l'autre. Le riche n'est plus l'égoïste sangsue que l'on croyait ; le pauvre n'est plus la sanguinaire hyène que l'on supposait.

Les services réciproques que deux familles, placées aux antipodes de la fortune, peuvent se rendre mutuellement, sont innombrables et de tous les jours.

Quand la maladie est en haut, la grande dame d'en bas, au cœur charitable, s'empresse de fournir le remède, la consolation. Quand, au contraire, la maladie étreint la grande dame, la fortune, hélas, n'en empêche pas l'entrée dans le palais ! eh bien, alors, la pauvre dame d'en haut, toute reconnaissante et attristée, descend se mettre au chevet de sa bienfaitrice, et ses soins affectueux la rendent promptement à la santé, au bonheur, à la joie.

A la suite de ces épreuves de dévouement réciproque, la confiance et la bienveillance règnent en maîtres absolus dans le cœur de la pauvre et de la riche. Désormais, les rapports entre elles seront des rapports de toute cordialité.

Bientôt, la robe démodée de la grande dame et les vêtements fanés de ses petits enfants montent en haut et vont faire les délices de la famille ouvrière. Le surplus de la table ne tarde pas à suivre le chemin de la robe. Et voilà l'abondance au sein du petit ménage; voilà les chers petits petiots bien vêtus, bien nourris, tout proprets comme de petits bijoux, contents comme de gais pinsons.

Quelle joie en haut de posséder un ami riche au cœur charitable et bienfaisant! Quelle joie en bas plus douce, plus suave que celle de rendre heureux le pauvre qui souffre et qui est reconnaissant! Le bon Dieu, qui voit tout cela, met dans tous ces cœurs une satisfaction ineffable, qu'aucun succès de fortune ou de vanité, qu'aucun bal, qu'aucune soirée, qu'aucune représentation théâtrale, qu'aucune fête ne peuvent égaler malgré toutes leurs splendeurs.

Ah, si les riches savaient! Oh, si les pauvres pouvaient connaître! Comme on s'aimerait les uns les autres! Comme bien vite s'établiraient entre eux les belles vertus : *mutualité, solidarité, réciprocité!*

Le logis sous le même toit amènerait infailliblement l'amour du prochain, chez le riche et chez le pauvre, par les rapports continuels et pour ainsi dire indispensables de l'un avec l'autre dans cette condition de domicile. Le pauvre et le riche, par la série de services qu'ils se rendraient mutuellement, verraient se combler les lacunes qui interrompent la chaîne du bien-être et du bonheur parfait dans toute existence concentrée en elle-même, méconnaissant les avantages de la solidarité et de la réciprocité.

Dans ces conditions de mutualité, il existe entre le pauvre et le riche le même rapport qu'entre le travail et le capital. Ils sont également inséparables et également solidaires l'un de l'autre. Le riche ne peut jouir réellement de sa richesse qu'avec le concours de l'ouvrier, et l'ouvrier ne peut espérer parvenir au bien-être, à la fortune que par le secours du riche.

Parlerons-nous des relations qui s'établiraient forcément entre les petits enfants du riche et du pauvre? Pour cimenter la paix et la concorde entre les différentes classes de la société dans l'avenir, quelle admirable école que le logement sous le même toit !

L'enfant du riche est souvent seul dans son beau salon; il s'ennuie d'être seul ; il a cassé tous ses jouets; il a embrassé cent fois sa petite maman; il n'a plus rien de nouveau pour le divertir. Que faire alors? Désespéré, muet, pensif, accablant le tapis de coups de pied et de poing, se roulant de ci, se roulant de là, prêt à pleurer de grosses larmes d'ennui : — Ah, tu sais, petite maman (se relevant soudain radieux, comme s'il eût trouvé une merveille); tu sais, j'ai aperçu l'autre jour un bien gentil petit bébé qui demeure en haut. J'aurais bien du plaisir, petite maman, à jouer avec lui, à en faire mon petit ami. Si tu priais sa bonne maman de le laisser venir un petit moment jouer avec moi. Je serais si content et si sage, ma petite maman !

Et l'enfant de l'ouvrier descend de son modeste logis dans les beaux appartements de l'enfant du riche. Il est là, tout ébloui, tout ébahi à la vue de tant de choses si belles et si brillantes; il n'ose avancer ni parler, il a peur, tout l'étonne; les caresses de la riche maman et du riche bébé le rendent encore plus timide et plus défiant ; que peut-on bien lui vouloir?

Enfin, enfin la confiance prend le dessus peu à peu et puis voilà qu'à un certain moment bébé pauvre et bébé riche ne sont plus qu'une même âme, tant la joie est partagée de part et d'autre.

Ils sont bienheureux les petits bébés; mais il est quelqu'un de plus heureux encore que les innocents petits bébés; c'est, vous l'avez deviné, la petite maman riche, qui couve les enfants de ses yeux brillants et humides, qui les enveloppe des caresses de son cœur de mère, qui leur sourit de ses lèvres pleines d'amour, qui, haletante, s'enivre de leurs joies enfantines.

Le bébé chéri de la maman riche est tout heureux d'avoir trouvé un gentil petit bébé pour compagnon de ses jeux. Dorénavant, ils seront inséparables, ces petits bébés, riche et pauvre; ils joueront tous les jours ensemble; et, plus tard, dans la vie de labeur d'une part et de féerie de l'autre, quand ils seront grands, forts et robustes, ils se rappelleront, ils n'auront pas oublié leur intimité de l'enfance.

L'ouvrier aimera le riche, son camarade d'enfance et son bienfaiteur. Le riche aimera le pauvre, son ancien compagnon de jeux. Il y aura entre eux le lien indissoluble de l'amour, de l'amitié, de l'estime et de la reconnaissance. Ils se connaîtront l'un l'autre; leurs cœurs auront battu le même nombre de pulsations.

Oh ! alors, politiciens, cancres de la société actuelle, qui vous nourrissez de haine, qui excitez le pauvre contre le riche, vos perversités n'auront plus chance de succès. Vous serez bafoués le jour où vous monterez sur les bornes pour hurler aux ouvriers ! « Sus aux riches ! » car l'ouvrier vous répondra : « Le seul ennemi de notre repos, c'est vous, infâmes blagueurs; l'ennemi du pauvre, c'est le politicien, le charlatan de popularité. »

Ah, de grâce ! vous qui êtes riches, abandonnez aux pauvres les étages supérieurs de vos palais. Vous gagnerez bon argent sonnant, bons amis et défenseurs dévoués, la joie au-dedans et la paix dans la rue. Vous jouirez, enfin, pleinement, des bienfaits de la fraternité, vers laquelle se tournent tous les regards et tous les cœurs, comme vers le sauveur de la société.

X

LE MÉNAGE DU PAUVRE

Depuis l'adoption des machines à vapeur et autres moteurs, le travail mécanique a pris un développement immense ; il a produit en peu de temps un tel excès de marchandises, comparativement aux besoins de la consommation, qu'il est arrivé fatalement un moment où machines et ouvriers ont chômé.

Le chômage a été la ruine de l'ouvrier et le manufacturier s'est vu réduire à l'absence de tout bénéfice. Là où, autrefois, existait une aisance facile, la misère s'est introduite avec toutes ses calamités. Là où, jadis, régnait la surabondance, il n'y a plus que l'indispensable à l'existence.

L'ouvrier est devenu pauvre par le chômage et par la diminution de la paie. Ne gagnant plus suffisamment pour subvenir, à lui tout seul, aux besoins de sa petite famille, la femme, l'épouse, la gardienne du foyer, la bonne de ses chers enfants, a été obligée, elle aussi, de déserter la maison et d'abandonner ses petiots à l'asile commun, pour aller se louer, afin d'ajouter les quelques sous de son travail au salaire insuffisant du père, du mari.

Nous voilà retournés, pour ainsi dire, aux rudes époques des temps primitifs, où la femme était attelée à la charrue à côté du bœuf. La charrue s'est transformée en atelier ; c'est la seule différence pour le pauvre entre les deux époques pour le combat pour la vie.

Le ménage, délaissé par la patronne, n'est plus coquet ; il n'est même pas propre. L'enfant, abandonné à l'asile commun, devient sale, pouilleux, de gentillet qu'il était, le petit amour. Il revient à la maison souillé de tous les bobos et de tous les vices que les enfants groupés en masses se communiquent les uns aux autres.

Il n'y a plus de joie à la maison. Le mari est fatigué ; la femme est fatiguée et l'enfant pleure. Tout ce monde est mécontent, maussade.

Cependant, il faut préparer la popote du soir. Quel courage, quel cœur à la besogne apportera la patronne désolée et affligée ?

La popote faite dans ces tristes conditions ne sera certes pas bonne. Le patron, déjà de mauvaise humeur, maugréera et qui sait si, pris soudain d'un violent accès de rage, le malheureux ne reprendra pas violemment sa paie, pour s'en aller au cabaret se bourrer de charcuterie et s'enivrer de gros bleu ?

Il y avait cinq ans qu'ils étaient unis l'un à l'autre, et jamais le plus léger nuage n'avait apparu dans la famille, jusqu'au jour où la misère, l'affreuse misère, vint s'installer hideuse au foyer.

De ce jour, tout alla de mal en pis. Le découragement, la lassitude, le dégoût de la vie s'emparèrent des époux ; puis survint l'incompatibilité d'humeur ; il advint même qu'à l'incompatibilité d'humeur succéda la répugnance réciproque. Alors, insupportables l'un à l'autre, ils s'enfuirent chacun de son côté, à l'aventure.

L'enfant, ce pauvre chéri des beaux jours, ce lien du père et de la mère, fut abandonné dans la rue.

Le père et la mère, à la suite de cet abandon criminel, ne vécurent plus que de remords et de confusion. Bientôt, de chute en chute, lassés de la vie, rassasiés de misère, ils descendirent peu à peu au tombeau du désespoir. Les eaux de la Seine remplacèrent discrètement leurs haillons et tout fut fini pour eux.

Il est réellement telles épreuves dans la vie de labeur trop difficiles à supporter pour certains caractères. — La société, de son côté, manque trop souvent de l'esprit de solidarité. L'abandon du malheureux par la société est un crime aussi grand que l'abandon de l'enfant par le père et la mère.

Heureusement pour l'honneur de l'humanité, tous les ménages pauvres ne terminent pas leur évolution ici-bas par l'affolement et le suicide. Il en est beaucoup, au contraire, et ceux-là sont les plus nombreux, qui échappent aux tristes conséquences de cette sorte de misère dissolvante de l'affection et du dévouement entre les divers membres de la famille.

Dans ces ménages, relativement heureux encore, règnent toujours la cordialité et l'expansion des temps meilleurs. Mari, femme et enfants se soutiennent, s'encouragent les uns les autres. Le petit luxe qui brillait dans leur ravissant appartement a bien disparu et fait place à la plus grande simplicité ; mais tout cela est très propret et invite les hôtes à rester ensemble, à ne pas se séparer, à passer entre eux de bonnes et de consolantes soirées.

La nuit les repose doucement des fatigues du jour ; le sommeil est léger, le cœur étant satisfait. Le matin, au réveil, sitôt le modeste déjeuner terminé, on s'embrasse avec effusion et chacun court, leste et content, à l'atelier, emportant dans un petit panier le petit repas de midi, préparé dès la veille avec la plus scrupuleuse sollicitude par la ménagère, toute attentionnée au bonheur des siens adorés.

Dans ces ménages pauvres, mais néanmoins fortunés, tout est réciprocité. Chacun concourt au bonheur des autres et reçoit son bonheur du bonheur des autres.

La différence si grande qui existe entre ces deux ménages, 'un, tombé sans retour dans la misère la plus profonde et l'abrutissement ; l'autre, quoique pauvre aussi, se maintenant énergiquement dans un certain bien-être et conservant les plus nobles sentiments de la famille, tient à des causes bien diverses.

Les énumérer toutes n'est guère possible ; elles se comptent par milliers. Nous ne citerons que les suivantes : éducation, instruction, profession, relations, événements accidentels, contrariétés, satisfactions, réussite, insuccès, santé, maladies, état mental ; chacune de ces causes a une influence considérable sur le caractère, sur la façon dont tel ou tel envisage et accepte le combat pour la vie.

Il en est d'une autre nature, en très grand nombre aussi, mais moins apparentes au vulgaire. Ces causes sont parfaitement connues de la science de l'observation et adoptées comme ayant un effet réel sur les êtres humains, de même que sur les autres règnes de la nature.

Je me hasarderai à en présenter quelques-unes, en dépit du sourire d'incrédulité ou de pitié qui pourra les accueillir.

Nous noterons en premier lieu l'époque de la naissance, et nous affirmerons que cette époque, printemps, été, automne, hiver, a une influence indéniable sur le tempérament et la constitution, et, par conséquent, sur le caractère de l'enfant, surtout sur l'enfant du pauvre.

Né pendant l'hiver, l'enfant du pauvre n'est pas suffisamment garanti contre les rigueurs du froid. La nourriture qu'il reçoit n'est pas assez substantielle pour réparer les déperditions que lui font éprouver les rudes intempéries de la saison. Le vêtement est insuffisant à le réchauffer et le logis est glacial.

L'enfant élevé dans ces déplorables conditions sera malingre et maladif. L'homme qu'il produira sera faible de corps et d'esprit, tout souffreteux, morose et de caractère difficile, mécontent de tout, sans résistance aucune contre l'adversité. Si la tentation du mariage le prend, la discorde ne tardera pas à régner en maîtresse absolue dans le ménage, et puis arriveront à l'envi l'une de l'autre toutes les horreurs de la plus profonde misère, avec leurs conséquences fatales, inévitables.

L'automne est moins néfaste que l'hiver. La température est

moins inclémente, mais cependant les alternatives subites du chaud et du froid, et les approches de l'hiver auront une influence pernicieuse sur l'enfant et plus tard sur l'homme.

Les naissances au printemps et en été sont les plus propices pour la conservation et la croissance de l'enfant dans les meilleures conditions. Tout, pendant ces deux époques, porte à la satisfaction des sens physiques et moraux. La nature renaît au printemps et acquiert son entier développement pendant l'été. L'enfant arrivera fort et robuste, à l'entrée des mauvaises saisons, l'automne et l'hiver. Non seulement il résistera à leurs intempéries, mais encore il en retirera un accroissement de vigueur.

Je ne ferai pas intervenir les influences astrales, ni même les phases de la lune sur la santé de l'enfant, né pendant les phases croissantes ou pendant les phases décroissantes, quoique les artistes capillaires et nombre de médecins physiologistes conseillent de couper les cheveux pendant les phases croissantes de la lune pour obtenir une chevelure exubérante.

Je me dispenserai encore de vous entretenir des conjonctions des astres et de leur rapport avec les choses de la terre et de l'humanité en particulier.

Mais je m'appesantirai sur les effets morbides des troubles atmosphériques : orages, variations de température, climat, sécheresse, humidité, excès de froid et de chaleur, déboisements, excavations, chaussées, canalisation, tremblements de terre, éruption de volcans.

L'homme le plus robuste, dans la plénitude de ses forces, ressent des impressions très vives de la part de ces divers phénomènes; l'enfant, à plus forte raison, subira les funestes conséquences de leurs effets.

Ces singulières considérations paraîtront puériles à certains esprits, mais il n'en est pas moins vrai que tel homme ne subisse, durant sa vie totale, l'influence des conditions dans lesquelles il est né et ne soit, par conséquent, plus porté au mal qu'au bien, et cela inconsciemment, si l'influence première est funeste. Il appert aussi de ces considérations reconnues effectives que, dans bien des cas, le criminel n'est pas aussi coupable que la loi le proclame, et que la société se trouve en quelque sorte complice du crime par suite de sa négligence et de son manque de prévoyance dans l'éducation de l'enfant.

L'exercice de la vertu est réellement par trop difficile, peut-être même impossible dans certaines situations extrêmes, et voler un pain quand on meurt d'inanition ne me paraît pas un acte aussi coupable que l'acte du riche qui s'abstient de porter son obole au budget du pauvre.

La constitution de l'enfant est encore affectée par le lieu de la naissance, plaine ou montagne, marécageux ou sec; l'exposition de l'appartement à l'orient ou à l'occident, au nord ou au midi; le grand air et la lumière; la stagnation de l'air et l'obscurité; réduits insalubres; agglomération dans les ateliers. Toutes ces conditions d'habitat ont leurs influences particulières sur l'enfance; elles font de lui ou un homme robuste ou un homme faible, ou un homme enjoué ou un homme triste et morose. Une nourriture insuffisante dans le bas âge est un empêchement radical au développement du corps et par suite à celui de l'esprit. Aucun adage n'est plus vrai que celui de l'école de Salerne : *Mens sana in corpore sano*. La santé du corps donne la santé de l'esprit.

Je ne m'occupe, bien entendu, que de l'enfant du pauvre, car l'enfant du riche peut être soustrait, sinon totalement, du moins en majeure partie aux atteintes des fléaux qui ravagent la classe indigente.

Le bien-être ou le malaise du ménage, la bonne ou la mauvaise éducation du père et de la mère, réagiront sur le caractère de l'enfant, sur sa conduite, sur sa façon d'envisager le monde. Il acceptera bénévolement la vie telle qu'elle est, ou il se révoltera sans frein aucun à sa violence. Pour l'un, tout sera pour le mieux dans le meilleur des mondes; pour l'autre, tout ira au plus mal dans le pire des mondes.

Quel homme voulez-vous qu'il devienne, l'enfant n'ayant que de mauvais exemples sous les yeux? Toujours battu, mal nourri, mal habillé, mal couché; souvent chassé de la maison paternelle et condamné pour vivre à la mendicité ou au vol!

Il y a vraiment des ménages trop pauvres, et la sollicitude municipale et gouvernementale fait trop souvent défaut et trop souvent fausse route.

Les édiles de la cité, au lieu de s'occuper de politique, où rien ne les oblige à s'immiscer, feraient œuvre meilleure, plus humanitaire, plus en rapport avec leur mandat, en allant visiter de temps en temps les quartiers pauvres, les ménages pauvres, les bouges, les greniers, les galetas, les caves et les caveaux, où grouillent pêle mêle des fantômes de tout sexe et de tout âge, sans vêtements autres que des guenilles, sans nourriture autre que les débris ramassés dans le ruisseau, la nuit.

On apprivoise, on élève les petits des animaux; on sauvagise et on criminalise les petits des hommes.

Un chien errant trouve toujours un maître compatissant qui lui donne bon gîte et bonne nourriture; un enfant sur le pavé ou sur la grande route est rejeté par tout passant, couche à la belle étoile et meurt de faim.

— Oh! ne me ramenez pas à la maison, je vous en prie, s'écriait en pleurs un pauvre petit enfant, rencontré par les gardiens de nuit, couché sur un banc des boulevards; on me tuerait. Laissez moi mourir ici; je n'ai pas mangé depuis vingt-quatre heures.

L'enfant envoyé prématurément à l'atelier, souvent plus malsain que le taudis paternel, s'étiolera, de jour en jour, sous le poids écrasant du lourd labeur qu'on lui imposera, en dépit

des lois protectrices de l'enfance. Le plus grand nombre meurt
à la peine : ce sont les plus heureux. Le petit nombre résiste,
il est vrai, mais dans quel triste état se trouve son pauvre petit
corps, surmené chaque jour par un excès de travail? Quelle
force musculaire peut-il développer? Quel chef d'atelier consen-
tira à le recevoir? Alors, rejeté de partout, sans ressources, la
faim mauvaise conseillère pour seul stimulant, le pavé deviendra son refuge, son atelier, son nourricier, son logis, jusqu'au moment où le gardien de la paix lui mettra la main au
collet et le conduira à la police correctionnelle, pour vagabondage, ou vol, ou pire encore.

Il y a de nombreuses sociétés de charité pour recueillir l'enfance indigente, sans asile, me direz-vous. C'est très vrai;
mais, pour être admis dans leurs belles écoles, encore faut-il
jouir d'une certaine protection, être particulièrement recom-
mandé, ou bien avoir commis un petit crime, ou tout au moins
un vol; peut-être même exige-t-on la récidive?

Attendre pour l'éduquer que l'enfant soit devenu un criminel, cela me paraît aussi logique que d'attendre que la poire
soit pourrie pour la manger.

La société est cependant assez riche et assez bien outillée
pour empêcher la famille, tombée dans la misère, de dépasser
en misère le maximum de la misère.

On élève à grands frais des tours Eiffel, dont l'utilité ne se
faisait nullement sentir, et on laisse inconsidérément croupir
dans la fange cette misère, qu'il serait pourtant si humain, si
profitable, si pratique d'élever au niveau de l'aisance.

Le ménage aisé, c'est la paix, c'est la concorde. Le ménage
pauvre, c'est la récrimination et la malédiction.

Le ménage pauvre étant une menace perpétuelle contre la
société, en atténuer les tortures, si toutefois il y a impossibilité
à les faire disparaître totalement, devrait être la préoccupation
constante de l'homme d'État et de l'homme riche. Ce résultat,

désirable entre tous autres, serait facilement et efficacement obtenu par la création du budget des pauvres, destiné à alimenter au besoin les sociétés de secours contre le chômage, la maladie, les accidents, la vieillesse.

En attendant la mise en pratique de cette création contre les atteintes de la misère, n'y aurait-il pas lieu de se hâter de rebâtir les quartiers insalubres, et de donner logement humain et bon air aux déshérités de la fortune? Les sommes votées d'un cœur léger pour la construction d'une tour aussi disgracieuse qu'inutilisable auraient suffi pour changer en opulence les misères du tout-Paris pauvre.

Au lieu de laisser errer dans les rues les enfants des ménages pauvres, ne serait-il pas charitable et prudent d'abriter, de nourrir et de vêtir ces petites créatures, avant l'époque psychologique du vagabondage, du vol et du crime? Ramassés jeunes et innocents encore de toute faute, combien l'élevage en serait comparativement facile, et combien l'homme qui résulterait de cette éducation serait supérieur en vertus à l'homme provenant de l'enfance criminelle !

Prévenir le crime doit être le souci principal de toute société sérieusement et humanitairement constituée et organisée.

L'enfant et l'homme, abandonnés par la société et laissés par elle dans l'ignorance de tout moyen honnête de gagner leur vie, ne peuvent que se comporter en ennemis de cette société aussi ingrate qu'imprévoyante. L'impitoyable loi de la lutte pour l'existence les condamne, eux impropres au travail, à la rébellion, au vol et puis au meurtre, eux devenus, par la force des choses, sans pitié, ni merci, ni miséricorde.

L'éducation de l'enfance pauvre, au point de vue de la formation de l'homme utile, de la protection de la société et du sauvetage de l'âme et du corps contre les vices de toutes sortes, n'existe pas réellement. Il n'y a eu jusqu'ici que des palliatifs et des essais fort incomplets, souvent même plus nuisibles, hélas! par le mode employé, que l'abandon de ces pauvres petites créatures aux suggestions des instincts naturels.

Les ménages de tous ces êtres déclassés, soit par défaut de bonne conformation physique et morale, soit par défaut d'instruction suffisante pour combattre avantageusement le combat de la vie, soit par des vices inhérents à leur nature particulière, soit par manque d'une solide trempe de caractère, aboutissent tous, en fin de compte, à la misère profonde, au désespoir, au crime.

La société—on aura beau crier : « Utopie! »—a une grande part de responsabilité dans ces désastres humains. Elle ne saurait trouver une excuse dans la sentence : Aide-toi, le ciel t'aidera, sentence horrible, qui prêche l'abandon de son semblable! sentence monstrueuse qui, adoptée, nous ferait rétrograder au temps de l'anthropophagie!

Combien, au contraire, noble, consolante et consolatrice, la sublime maxime chrétienne, toute imbue de mutualité, de solidarité et de réciprocité : « Aidez-vous les uns les autres. Faites à autrui ce que vous voudriez qu'il vous fût fait. »

En ce temps-là, il n'y aura pas de ménage pauvre réduit au désespoir. La société aura en réserve une part de soleil pour tout ménage.

XI

LIBRE-ÉCHANGE ET PROTECTIONNISME

CONFÉRENCE

Mon intention n'est pas de vous entretenir des nouveaux tarifs du traité de commerce anglo-français ; mais bien de vous signaler la différence capitale qui existe entre la théorie économique française et la théorie économique anglaise. Je tâcherai aussi de vous faire saisir le résultat navrant pour la France de la mise en pratique de chacune de ces théories.

Nous venons d'assister, il y a à peine quelques jours, à une lutte violente entre les partisans du protectionnisme et les partisans du libre-échange. Les conférences ont succédé aux conférences, et les enquêtes aux enquêtes. On a écrit des volumes de part et d'autre. Malheureusement, plus la querelle s'envenimait, plus on s'éloignait de la solution. La passion prédominait sur la raison et le bon sens.

Cette lutte acharnée, entre deux champions qui se sont affirmés irréconciliables, a rendu la tâche du gouvernement aussi ardue que perplexe. En effet, auquel donner la préférence, alors que dans les deux camps le mérite avait toutes les apparences de parfaite égalité? Fallait-il décréter le barrage ou l'inondation, l'isolement ou l'invasion? On n'a osé décréter ni l'un ni l'autre d'une façon absolue, tant la perplexité était grande! Dans cet état d'irrésolution pour le choix de l'un au détriment de l'autre: on s'est débarrassé de la difficulté en décrétant tantôt les droits protecteurs, tantôt les droits proportionnels.

Simple spectateur de ce duel à outrance, totalement indépendant de la question, préoccupé seulement de la solution au point de vue patriotique et humanitaire, aspect sous lequel se reflète aux yeux de tous le problème si complexe des relations présentes et futures des peuples entre eux, je me suis demandé si, en présence de ces discussions de pour et de contre, de théorie et de pratique ou d'empirisme, de bien et de mal, de richesse et de misère, l'industrie et le commerce que je croyais appelés à faire écrouler les barrières qui séparent les divers peuples, n'allaient pas, au contraire, rendre ces barrières infranchissables, indestructibles.

Or, il m'a semblé que l'exagération prédominait de part et d'autre. Il m'a semblé aussi que le protectionnisme et le libre-échange n'étaient pas si ennemis l'un de l'autre qu'on se complaisait à le proclamer et, voyez, je suis allé dans mes petites combinaisons jusqu'à prétendre pouvoir prouver que le protectionnisme et le libre-échange sont les meilleurs amis du monde, amis à tel point qu'ils sont indispensables l'un à l'autre, créateurs même l'un de l'autre.

Cette discordance apparente entre le protectionnisme et le libre-échange serait le résultat d'une fausse appréciation de leur condition primordiale, semblable à l'erreur qui a accrédité dans le public la persuasion que le capital était l'ennemi du travail, et que le positivisme était la négation du spiritualisme, alors que l'union la plus intime existe entre le capital et le travail, entre le positivisme et le spiritualisme, union en dehors de laquelle il n'y a que désordre et confusion, union au sein de laquelle seulement se trouve le développement complet de l'intellect humain sous ses multiples formes.

Eh bien! entre le protectionisme et le libre-échange, nous rencontrons les mêmes traits d'union, le même besoin de marcher côte à côte pour arriver dans la suite des temps à ne faire qu'un seul tout, qui créera l'harmonie des lois de la vie et des rapports entre les peuples divers.

Le protectionnisme est l'enfant entouré de langes, s'essayant à marcher dans l'enceinte du foyer sous l'œil vigilant maternel.

Le protectionnisme est encore l'enfant parvenu à l'adolescence, s'instruisant pour se débarrasser des langes qui l'oppressent, s'essayant à l'émancipation par le développement de ses facultés morales et de sa force physique, sous la direction de règles tutélaires et sous la surveillance de maîtres paternels.

Le libre-échange est cet enfant aux langes, cet adolescent à l'école, devenu homme viril, ayant atteint l'entier développement de sa force physique et de ses forces morales, répandant dans le monde les créations innombrables de son génie.

Avant d'atteindre le point culminant du savoir et de la liberté, le libre-échange a donc passé par des étapes diverses qui sont l'enfance et l'adolescence, ou le protectionnisme prohibitif et le protectionnisme relatif ou compensateur.

Le protectionnisme se transforme naturellement en libre-échange, comme l'enfant se transforme en adolescent et puis en homme viril, par une marche lente, graduée, mais toujours croissante, jusqu'au moment de son entière métamorphose.

Le libre-échange n'est point né spontanément armé de pied en cap et prêt au combat.

Le protectionnisme est donc l'étape première pour arriver au libre-échange.

L'Angleterre a été prohibitionniste fanatique pendant toute la période d'infériorité de son industrie.

L'Amérique (États-Unis) s'est faite prohibitionniste pour permettre à l'industrie locale de se créer et de se développer.

L'Allemagne repousse par patriotisme les produits étrangers.

De plus, l'Angleterre et l'Allemagne ne se font pas le moindre scrupule, à l'occasion, de donner le croc en jambe aux traités existants.

Ainsi, lorsque en Angleterre il y a surabondance de bétail, le gouvernement déclare effrontément que l'épizootie règne en France et prohibe l'entrée des animaux provenant de la France.

Le même procédé, aussi peu délicat, est employé par l'Allemagne quand l'intérêt de ses agriculteurs est d'interdire l'entrée sur son marché des produits agricoles de la France. Dans ce cas, le gouvernement allemand déclare avec une impudence sans pareille que le phylloxera a été remarqué en France sur tous les produits de la terre.

L'Italie, ce pays de l'ingratitude machiavélique, se donne de temps en temps le malin plaisir d'imiter la bonne foi de l'Angleterre et de l'Allemagne pour l'observation des traités.

L'Angleterre n'a offert le libre-échange que lorsque ses usines, ses fabriques et ses manufactures ont été capables de fournir le monde entier de ses produits.

L'Amérique offrira le libre-échange quand elle croira pouvoir lutter avantageusement avec les autres nations.

La France a-t-elle atteint ce haut degré de perfection? Est-elle arrivée à ce moment solennel où elle puisse abattre ses barrières protectrices et laisser entrer libres de toute restriction les produits étrangers, sans risquer de voir dépérir peu à peu son industrie et son commerce, sans crainte de tomber dans la misère la plus profonde et de là dans l'anéantissement?

Le libre-échange, dites-vous, fait baisser le prix de toutes les denrées et amène par conséquent le bon marché à la portée de toutes les bourses.

Mais si l'adoption prématurée du libre-échange a pour fatale conséquence la ruine et la destruction de notre industrie, par la raison qu'il n'y a pas d'intérêt à fabriquer soi-même un objet qu'on ne peut livrer qu'à un prix supérieur à celui de l'objet similaire introduit par l'étranger sur notre marché, grâce à ce libre-échange, que deviendra l'ouvrier de cette usine et de cette fabrique, fermées pour cause de libre-échange? A quoi servira à cet ouvrier, congédié et sans travail, que tel objet soit bon marché, puisque ne travaillant pas, il ne gagne rien, ne possède même pas l'ombre d'un maravédis, et se trouve par suite dans l'impossibilité d'acheter l'objet à bon marché, quelque minime que soit ce bon marché?

Le libre-échange, adopté avant l'époque de la possession de l'égalité des armes pour le combat, sera donc la ruine de l'ouvrier et non sa fortune, comme le prétendent si inconsciemment et si bruyamment les libre-échangistes fanatiques, auxquels on peut appliquer la criminelle devise: périsse l'humanité plutôt qu'un principe!

Un gouvernement, digne de ce nom, doit en premier lieu se préoccuper de fournir du travail au peuple, à quelque prix que ce soit; car le travail, c'est la moralité, c'est la stabilité des institutions; car l'oisiveté c'est la mère de tous les vices, c'est la révolte en permanence.

Un gouvernement qui néglige de procurer ou ne sait pas procurer du travail au peuple, en est réduit, pour empêcher le pillage et la révolte, à lui donner, chaque jour le *panem et circenses* des Romains. Ce gouvernement de l'incapacité et de l'imprévoyance finit infailliblement par tomber dans l'anarchie, et de l'anarchie dans la décadence et la barbarie.

On ne saurait trop recommander de la prudence au peuple français qui, par les tendances enthousiastes de son esprit, se laisse toujours séduire par les nouvelles idées, surtout quand ces idées proviennent de l'étranger. On ne saurait trop aussi lui rappeler sans cesse, à tout instant, le: *timeo Danaos et dona ferentes.*

Ainsi, qu'est devenue notre marine à la suite de l'égalité de traitement de pavillon accordée trop hâtivement aux marines étrangères?

Soyons prudents! la chose en vaut la peine. Notre incalculable richesse actuelle peut, par les conséquences d'une mauvaise décision, d'une décision inopportune, se voir anéantie à tout jamais, à l'instar de notre marine.

A ce sujet, je rappellerai la question typique, aussi naïve qu'égoïste, que le trop célèbre Cobden, cette maligne personnification de l'économie politique anglaise, ce fatal introducteur du libre-échange anglais en France, fit à un des membres du ministère du commerce qui, irrité d'entendre Cobden répéter à satiété que la nation française était déplorablement arriérée, qu'elle était imbue des plus faux principes en économie politique, lui dit, à bout de patience : Eh bien, nous acceptons vos bières exemptes de tous droits, à condition que vous recevrez nos vins exempts de tous droits! — Oh non! s'écria soudainement Cobden, vous ruineriez nos brasseries!

Étrange réponse, n'est-ce pas, de la part du premier des champions du libre-échange. C'est que, voyez-vous, tout Anglais, quel qu'il soit, est plus ou moins par nature porté au pickpocketage et s'indigne outre mesure quand, par hasard, il est pickpocketé lui-même par celui qu'il se croyait le droit de pickpocketer sans retour.

C'est que, voyez-vous, pour comprendre la surprise et la réprobation de Cobden à la proposition française, il faut que vous sachiez qu'il existe deux théories en fait d'économie politique.

Il y a l'économie politique anglaise, au seul point de vue du plus grand avantage de l'Angleterre; c'est celle de Cobden et de tout Anglais. Cette économie a pour but de rendre tous les peuples tributaires de l'Angleterre.

Il y a l'économie politique française; elle est basée sur

l'avantage général de l'humanité, sans distinction de nationalité; c'est celle des économistes français. Cette économie convie tous les peuples de la terre à prendre une part égale au banquet de la vie. La devise de la théorie française est : *Mutualité, solidarité, réciprocité.*

L'économiste anglais, dans son rapace égoïsme, en est arrivé à ce degré de fol orgueil de se persuader et de vouloir persuader le monde que l'intérêt de l'Angleterre est l'intérêt de toutes les nations, et que, par conséquent, tout le monde doit travailler au développement de la richesse de l'Angleterre, et que, qui que ce soit travaille en dehors de ce but, est en dehors de la véritable économie politique.

L'Angleterre est et doit rester l'officine manufacturière du monde entier. Donc, le monde entier, pour être logique avec la théorie anglaise, doit s'occuper exclusivement de fournir la matière première à la grande fabrique universelle, au lieu de chercher son avantage dans l'établissement de fabriques rivales et dans la concurrence.

En conséquence, si, nous Français, nous acceptons la théorie anglaise, nous sommes tenus, pour être d'accord avec notre décision, d'éteindre nos hauts fourneaux, de briser nos machines, de nous approvisionner en Angleterre de pelles et de pioches, et de nous en aller labourer nos champs, puisque d'après cette théorie, nous ne devons avoir d'autre industrie que celle de la culture de la terre.

Toute cette innombrable population de nos villes sera refoulée vers la campagne et dispersée dans les champs pour les ensemencer et en envoyer les récoltes à l'Angleterre, qui les transformera sous ces diverses formes que nous impose la civilisation moderne.

L'Inde est déjà soumise au régime de la théorie anglaise. Les innombrables fabriques qui existaient dans ce vaste pays avant l'occupation anglaise, ont toutes disparu, et les ouvriers sont morts de faim. Aujourd'hui la famine sévit en permanence dans l'Inde, jadis si fortunée. Mais la gracieuse reine d'Angleterre, en reconnaissance de la soumission à ses volontés de ses sujets de l'Inde, leur a fait l'insigne honneur de prendre le titre de : Impératrice des Indes.

Autrefois, les pieux Indiens, comme preuve de leur croyance et de leur foi aux promesses de leur dieu, se faisaient piler et écraser sous les roues du char triomphal qui promenait les reliques sacrées et vénérées de Bouddha.

Aujourd'hui, les très fidèles Indiens, en signe d'aveugle soumission à leur bienfaitrice impératrice, se laissent mourir de faim avec ce même calme qui animait les gladiateurs romains allant saluer César avant le combat : *Cesar morituri te salutant.* — Auguste impératrice, les mourants de faim te bénissent ! ! !

Voilà donc, de par la théorie anglaise, le monde divisé en deux castes. Tout ce qui est anglais appartient à la caste des manufacturiers. Tout ce qui n'est pas anglais appartient à la caste des laboureurs.

Telles sont les visées de l'outrecuidante Angleterre, qui considère les étrangers comme des instruments créés pour son seul usage particulier, et qui se croit en droit de confisquer à son profit toutes les productions de la terre.

Une si folle et si outrecuidante théorie ne pouvait évidemment prendre naissance que dans un cerveau lunatique, un cerveau anglais. Voyez-vous les quarante millions de Français condamnés à ne chercher leur satisfaction, leur subsistance et leur bonheur que dans le seul et unique travail: *bêcher la terre.*

L'égoïste et barbare système anglais, basé sur la servitude des autres peuples, mérite une revanche éclatante. Déjà les yeux commencent à s'ouvrir à la lumière et les esprits à s'insurger contre cette infâme exploitation.

Aujourd'hui, les gouvernements comprennent que la culture du sol ne suffit pas à procurer du travail et la subsistance à tous les citoyens. Ils comprennent qu'il faut des ateliers, des usines, des manufactures pour occuper et alimenter cette immense population des villes. Aujourd'hui, toutes les nations veulent leur part au soleil, veulent leur indépendance entière et sans limites pour développer leurs facultés innées et en tirer bon profit. Elles se reconnaissent aptes à tous les travaux industriels, artistiques et commerciaux, et prétendent les exercer en toute liberté.

Moins égoïstes que messieurs les Anglais, et surtout plus humains, nous voulons arriver au libre-échange sans asservir personne, sans porter préjudice à personne.

Nous reconnaissons que le protectionnisme ancien est l'isolement, l'immobilité, la négation du progrès; mais nous sommes convaincus que le protectionisme de nos jours, c'est-à-dire les droits proportionnels, est la sauvegarde des intérêts particuliers de chaque peuple, la marche régulière et rationnelle vers le libre-échange.

Si le libre-échange immédiat est considéré par nous comme un fléau nous apportant infailliblement le désordre et la confusion, la destruction de l'industrie nationale et du commerce, la misère générale, nous croyons fermement que le protectionnisme mitigé ou le libre-échange par étapes nous conduit immanquablement au bien-être général, c'est-à-dire à l'épanouissement complet de toutes les ressources d'ici-bas.

La nature, en toutes choses, est la meilleure conseillère; elle ne procède jamais par soubresauts; elle procède toujours à pas lents et gradués. Imitons la nature, cette mère féconde et prévoyante. Ne brisons pas tout à coup avec le protectionisme. Ne nous jetons pas tout à coup dans le libre-échange! Que le passage de l'un à l'autre se fasse sans secousse, sans souffrance d'aucune des parties intéressées.

Ayons des protectionnistes pour empêcher de se précipiter tête baissée dans le gouffre béant du libre-échange. Ayons des libre-échangistes pour empêcher de s'endormir dans les lenteurs et l'indolence atrophiante du protectionnisme.

Ces deux forces en sens contraire, l'une craintive et l'autre téméraire, ou l'une conservatrice et l'autre progressiste, dirigées avec sagesse et circonspection par des économistes exempts de tout préjugé scientifique et patriotique, constitueront pour toujours dans le monde entier, aux acclamations des peuples, ce libre-échange qui porte en lui la fraternité universelle ou la fusion des races et des intérêts. Ces deux forces détruiront à jamais le protectionnisme qui tend à perpétuer l'antagonisme des intérêts et la division des races.

Le protectionnisme est le point de départ, le poids ajouté au plateau du plus faible, le manque d'équilibre. Le libre-échange est le point d'arrivée, l'égalité des poids des plateaux, l'équilibre parfait.

Vous savez tous que le libre-échange fut accordé à l'Angleterre par l'empereur dans un but purement politique et dynastique, et non point en vue de stimuler notre industrie et notre commerce. L'empereur acheta l'alliance de l'Angleterre au prix de notre richesse industrielle et de notre commerce.

Les conséquences de cette transaction ont été terribles pour la France. La métallurgie a presque entièrement succombé ; les fabriques de cotonnades, de draps et de soieries sont tombées dans un état alarmant. Les magasins de Paris regorgent de produits anglais.

Le libre-échange ne suffisant pas à l'avidité de l'Angleterre, l'empereur lui accorda encore l'égalité de pavillon pour les navires de commerce. Aujourd'hui notre marine marchande est aux abois, et les primes données à la construction et à la navigation seront impuissantes à la reconstituer.

Dans le nouveau traité de commerce, on a tenté de venir en

aide à nos industries mourantes, en établissant des droits protecteurs ou compensateurs. L'Angleterre ne se trouve pas satisfaite et récrimine.

Eh bien! laissez l'Angleterre récriminer à son aise. Plus elle beuglera, cette *jane cow*, plus nous aurons raison de nous réjouir. Il est une remarque que chacun de nous a pu faire, c'est que l'Angleterre applaudit quand nous commettons des folies, et elle pousse des gémissements à tue-tête quand nos affaires sont en bonne voie. Alger et Tunis sont une preuve incontestable de la vérité de cette remarque. Sa fureur avait atteint le paroxysme de la colère au sujet de ces deux conquêtes si importantes.

Les Anglais ne sont pas contents du traité; donc le traité est favorable à la France.

XII

LA GRANDE ABANDONNÉE

Papillon, le 13 janvier 1884

La grande abandonnée de tout temps a été la femme.

La loi, faite par l'homme, l'a traitée en mineure. La femme subit la loi, mais elle n'en jouit pas.

Cependant, au nombre des droits imprescriptibles de l'être humain, le droit à la possession de soi-même, de sa propre personne, est certainement le droit supérieur à tous autres, le droit par excellence.

Or, la femme a-t-elle jamais été réellement en possession d'elle-même? Non! évidemment! N'est-elle pas encore aujourd'hui, en ce temps de civilisation raffinée où nous en sommes, la victime de nos lois, de nos préjugés? Oui! certainement oui! La force brutale d'abord et la loi ensuite l'ont faite esclave de l'homme en tous temps et en tous lieux.

A l'époque des âges primitifs la femme était soumise aux travaux les plus durs. La femme devait pourvoir à l'entretien de la famille, à tous ses besoins et à toutes ses fantaisies. Le délaissement et le mépris de l'homme étaient son unique récompense. Heureuse, fort heureuse lorsqu'elle n'était pas battue à outrance !

A mesure que la barbarie disparaissait dans le lointain et que la civilisation s'avançait, la femme gagnait peu à peu en considération et le mari lui épargnait la charge des plus lourds fardeaux. Elle resta néanmoins, longtemps encore, la chose du mari, la propriété taillable et corvéable. Longtemps encore elle

prit place à la charrue à côté du bœuf, de l'âne et du cheval.
Elle ne s'asseyait jamais à la table du maître de la maison ;
elle ne se nourrissait que des restes du festin du seigneur. Et,
pourtant, c'était elle qui avait travaillé et ensemencé la terre ;
c'était elle qui avait récolté les fruits et les moissons. Il en fut
ainsi bien longtemps encore.

Plus tard les religions, au lieu de voir en la femme, la mère,
l'épouse, la fille et la sœur, ces êtres sacrés du foyer domestique, la considérèrent comme impure, comme corruptrice, et
la déclarèrent privée d'âme. Les hommes la fuyaient et se reti-
raient dans la Thébaïde, loin de ses regards pervers et néfastes.
La femme était la cause de tous nos maux ici-bas. Était damné
à perpétuité l'homme qui la touchait, qui même s'oubliait à la
regarder.

L'espèce humaine eût disparu comme conséquence de ces
idées erronées, égoïstes et puériles, insensées et extravagantes,
folles et idiotes, si la nature elle-même ne se fût révoltée contre
les effets des prédications fanatiques des illuminés de la soi-
disant vertu, de l'asservissement et de la destruction de la
matière, seul moyen infaillible, prétendaient-ils, de sauver
l'âme du péché mortel.

Les hommes revinrent peu à peu au sentiment de la réalité
et de leur rôle sur notre pauvre planète. Ils retournèrent peu
à peu vers la femme, mais leurs cerveaux ne purent parvenir néanmoins à se débarrasser complètement, à tout jamais,
des idées mystiques de l'ère des premiers solitaires chrétiens.

Nous conservons encore à l'époque actuelle, malgré les progrès de la philosophie naturelle, malgré le discrédit des subti-
lités de la métaphysique, une forte dose des anciens préjugés
à l'égard de la femme et nous voyons encore des cloîtrés, des
hommes qui se soustraient aux obligations et aux lois de la
nature, croyant par cette abstention se rendre les dieux favorables
pendant l'existence future, l'existence d'au delà de la terre.

Singulière idée que celle de penser qu'on doit être plus agréable à Dieu en désobéissant à ses lois qu'en s'y soumettant tout naturellement. Dans cet ordre d'idées aussi étranges que coupables, les déserteurs du champ de bataille de la vie seraient les meilleurs soldats, les héros, les triomphateurs.

Les théories mystiques, reines jusqu'à ce jour de la pensée humaine, commencent heureusement à perdre de leur antique influence et elles ne tarderont pas à être remplacées par des idées plus conformes aux besoins de l'espèce humaine.

La science pure, la science exacte, détrônera toutes les utopies religieuses, sanctuaire de l'ignorance et de la présomption. Autrement dit, la science expérimentale succédera à la science spiritualiste. La civilisation actuelle est tout entière à la phase industrielle, à l'analyse de la matière, essayant par cette nouvelle voie d'arriver à la connaissance du moteur, du principe de la vie, connaissance que l'étude de l'âme a été impuissante à lui donner.

Le monde, parvenu à la période industrielle, cherche à obtenir par l'analyse scientifique l'accomplissement et la satisfaction des lois de la nature. La souffrance physique, l'abnégation de toute jouissance, le mépris de la chair, les privations de toutes sortes qui, au temps des religions, étaient considérés comme autant de qualités supérieures et de vertus, sont aujourd'hui considérés comme des imperfections, comme des défauts, comme des éléments nuisibles à la morale et à la perpétuation de l'espèce humaine, comme contraires à l'esprit de charité et de fraternité, comme des pertes irréparables pour la prospérité commune.

Il faut aujourd'hui être solidement armé pour le combat de la vie ; il faut être sain de corps et d'esprit. Plus l'homme possède de santé et de vigueur, plus il est apte à rendre service à la société. Fortifier le physique est aujourd'hui une vertu ; rendre son esprit propre à la science et son corps à la lutte est aujourd'hui une vertu. *Mens sana in corpore sano.*

La femme, à qui sa perspicacité d'une finesse supérieure fait apercevoir clairement les secrets de l'avenir, a saisi promptement, la première, la raison et les besoins des diverses évolutions humaines. Elle a prévu depuis longtemps que sans elle, sans son secours, le progrès serait stationnaire. Aussi, animée d'une conviction d'apostolat, cherche-t-elle à secouer le joug de la servitude qui la maintient dans les limbes des labeurs inférieurs, et à remonter au niveau de l'homme pour marcher à ses côtés à la conquête des nouvelles destinées. Elle demande une éducation et une instruction qui lui permettent d'ajouter son obole de travail à celui du mari, du père de ses chers enfants, le salaire du mari étant insuffisant à lui seul pour nourrir, abriter, vêtir et élever la petite famille.

La femme d'aujourd'hui ne doit pas et ne peut pas être l'esclave d'autrefois, la suppliciée d'autrefois. Les nécessités de la vie, à notre époque, la font l'égale de l'homme, la compagne de l'homme; elle a mêmes devoirs, mêmes peines et mêmes soucis; et pourtant elle n'a pas encore les mêmes droits; elle reste encore la grande abandonnée par la loi. La loi la traite encore en mineure pendant toute sa vie; la loi est en retard sur les mœurs du temps et sur les aspirations nouvelles et universelles, car l'homme accorde implicitement ce que la loi refuse. Partout, aujourd'hui, la femme, la mère, l'épouse, est le suprême conseil de l'homme.

Cette résistance de la loi à satisfaire le vœu général est-elle raisonnable, juste, équitable? Non! car l'éducation et l'instruction nouvelles, ainsi que les progrès de la civilisation ont transformé la femme. Aujourd'hui la femme brille partout au premier rang. Elle est écrivain, artiste, docteur en médecine, docteur en droit, mathématicien, astronome, directrice d'importantes maisons industrielles et commerciales.

N'est-il pas hors du sens commun, contraire à la moralité, contraire au bien public que l'homme ivrogne, dissipateur, idiot, puisse voter la loi, alors que la femme, la mère de famille la plus honorable, la plus intelligente et la plus instruite, est rejetée de l'urne ? Est-ce que le plus grand nombre des sociétés de bienfaisance n'ont pas été créées et ne sont pas dirigées par des femmes ? L'Union des femmes de France, l'Association des dames françaises, la Société de secours aux blessés, et tant d'autres encore ayant pour but les soins à donner aux victimes de nos désastres et la préparation de la jeune génération pour le relèvement de la patrie.

Entre mille et une supériorités des qualités de la femme sur celles de l'homme, est-ce que la femme n'a pas plus de cœur que l'homme, plus de sympathie que l'homme, plus d'élan vers le beau et le bien que l'homme ? Est-ce que ce n'est pas la femme qui inspire à l'homme l'héroïsme et la vertu, le dévouement et l'abnégation ?

Il serait puéril d'insister sur la haute et noble influence de la femme sur le progrès des mœurs, de la sociabilité et de l'avancement des sciences. Cette influence serait encore bien plus grande, bien plus bienfaisante, si la femme pouvait participer directement à nos débats académiques, politiques, industriels et commerciaux.

Bien certainement les animosités et les haines de peuple à peuple, perpétuées par les monarchies, s'évanouiraient promptement si l'on écoutait, dans les conseils des États, la mère de famille, l'épouse, la fille et la sœur.

Bien certainement les finances des États ne seraient pas gaspillées dans des dépenses ruineuses et coupables, si la femme, économe par excellence des deniers du ménage, était admise à donner son humble avis sur l'emploi des fonds publics.

Bien certainement elle s'empresserait de diminuer l'armée des éhontés budgétivores. Elle renverrait au plus tôt cette fourmilière de culs-de-jatte qui encombrent les bureaux de diverses administrations du gouvernement, dont ils dévorent les ressources avec la voracité insatiable d'une nuée de rats ayant envahi le grenier à blé.

Non ! Une si monstrueuse et si pernicieuse réprobation de la femme ne peut pas être maintenue plus longtemps, à moins d'enrayer les progrès de l'humanité vers cette fraternelle civilisation à laquelle le monde aspire, la civilisation dans laquelle la *mutualité*, la *solidarité* et la *réciprocité* seront des réalités essentiellement vraies.

L'égalité civile et civique de la femme avec l'homme s'impose de nos jours. Il faut que la loi soit une, que la moralité soit une, afin qu'il n'y ait plus d'*abandonnée* et que l'harmonie puisse enfin régner sur notre pauvre planète, gouvernée jusqu'à ce jour par la discorde, discorde provenant de l'inégalité de la femme avec l'homme et de son éloignement des conseils de l'homme.

XIII

LA CORRIDA DE TOROS

Papillon, 11 mai 1884.

La Société de charité maternelle, dont le budget est toujours fort au-dessous des exigences de sa bienfaisance, pensant que les courses de taureaux, selon le mode espagnol, importées en France, produiraient une recette plus qu'abondante, adressèrent au ministre de l'intérieur une supplique le priant de vouloir bien autoriser à Paris une *corrida de toros*.

Le ministre, quoique n'appartenant pas à la Société protectrice des animaux, refusa net cette autorisation.

D'aucuns prétendent que ce ministre, de naturel furibond, craignit une comparaison désobligeante entre sa folie frénétique et la fureur des taureaux.

Les Anglais n'auront pas la tour de Saint-Nicolas ! Les Parisiens n'auront pas la *corrida de toros* !

Autant je me réjouis de la déconvenue des Anglais ; autant je gémis de celle des Parisiens.

Quels beaux hommes que les *toreadores* ! Quel joli et coquet costume que le costume d'une *cuadrilla* !

Comme ils sont fiers et élégants, ces hommes aux puissants mollets, aux jarrets nerveux ! Quelle souplesse dans leurs mouvements ! Quelle aisance d'allures ! Quelle gracieuse démarche ! La tête haute et altière, le sourire aux lèvres, l'œil en feu, la poitrine rebondissante, le front rayonnant d'orgueil et de bonheur. La main gauche sur la hanche, la main droite envoyant des baisers ardents à la foule enthousiaste.

Ah! que c'est donc émotionnant et saisissant l'aspect magique d'une *cuadrilla*, toute galonnée d'or et de pierreries, s'avançant, en joyeuse majesté, dans l'arène frémissante sous les applaudissements, pour aller saluer l'alcade et les belles des belles!

Combien vous aviez raison, duchesses affligées, marquises désolées, en pénurie d'hommes vaillants et hardis, de vouloir montrer, aux tristes *boudinés* qui vous entourent, les robustes *toreadores*, aux membres musclés, au courage fougueux, à la vigueur indomptable.

Et vous tous, fâcheux et grincheux, qui vous êtes insurgés si ridiculement contre ce très naturel désir des princesses et des duchesses, ou vous êtes des jaloux et des boudinés, ou vous êtes évincés sans espoir de retour. J'applaudis de tout cœur à l'ingénieuse idée de nos grandes dames, honteuses des poursuites caduques de leurs asthmatiques boudinés.

Condamner nos belles duchesses et nos fringantes marquises aux boudinés! Mais à quoi pensez-vous, malheureux? et que voulez-vous qu'elles en fassent, grands dieux! s'il en est du reste comme de leurs mollets disparus à tout jamais?

Eh bien, moi, je l'avoue franchement, j'aime mieux, cent fois mieux, condamner une vieille haridelle, morte depuis quinze jours, à livrer son ventre absent aux cornes pointues d'un taureau en fureur, que de voir les flancs majestueux de nos superbes duchesses souillés par les assauts impudiques et impuissants de boudinés épuisés, hors d'haleine.

Non! Rien ne m'horripile tant; non, rien ne me scandalise plus que de voir un affreux boudiné, parapluie en son fourreau, poulet à la crapaudine, se traînant avec peine, souffreteux et poussif, huché sur deux béquilles débiles et vacillantes, plantées dans de larges et longues savates-glissoires.

Ces boudinés, échappés de la cage de quelque Barnum en foire, véritables momies vivantes, emmaillottées dans des vêtements tellement étriqués qu'on les prendrait pour les vêtements taillés et confectionnés à l'époque ancienne de la première communion ; ces boudinés, dis-je, qui ébaudissent en ce moment nos bouvelards, ne vous produisent-ils pas l'effet d'un mannequin détraqué, mis au rebut, que le moindre souffle de vent couche à plat par terre, d'où il ne peut se relever, tant il est ligotté, qu'avec l'aide miséricordieuse d'un charitable agent de la paix ?

Oh ! duchesses et marquises, comme j'applaudis à votre courageuse et si salutaire entreprise ! A l'infirmerie les boudinés ! A nous, dans nos bras, les athlètes vigoureux ! C'en est assez, enfin, des simulacres d'hommes ; nous voulons des enfants solidement constitués, forts et robustes, capables, un jour, de défendre la patrie en danger, de courir à la frontière contre les hordes ennemies. Vous, filles du peuple, vous êtes heureuses, vous avez des hommes pleins de vigueur et infatigables ; mais, nous, nous n'avons que des patraques flasques et molasses.

Donc, montrer aux Parisiens de la haute décrépite, une race d'hommes mâle, vigoureuse, indomptable, à laquelle la crainte du danger est devenue inconnue par l'exercice constant des forces physiques, c'était œuvre philanthropique et patriotique entre toutes. Il faut être possédé de la maligne marotte d'opposition pour n'avoir pas compris la portée morale et physique de cet appel à la *cuadrilla de Frascuelo*. Il faut être follement affamé de scandales pour avoir eu la pensée de jeter la pierre aux grandes dames patronnesses de la Société de charité maternelle.

Mais, où diable les sentiments animalophiles ont-ils été se nicher ? Dans la cervelle de ces folliculaires qui, chaque jour, écorchent et dépècent en mille morceaux une demi-douzaine de leurs frères humains !

Comment, spectateurs habitués de la Morgue, vous ne pourriez voir un vieux cheval étendu par terre, raide mort, sans vous apitoyer à chaudes larmes et à grince-dents ? Comment, à tout instant, vos lourds omnibus écrasent on ne sait combien de vieillards, de femmes et d'enfants; et toute votre pitié consiste à bâcler un boniment, payé à beaux deniers comptants, pour votre journal, ce pauvre souffre-douleurs de votre prose indigeste ! Comment vous ne demandez pas la suppression des omnibus homicides et des tortionnaires du journal !

Comment, pour un maravédis, que la foule dans sa badauderie stupide lui jette, un acrobate affamé traverse la Seine sur une faible corde tendue, d'une rive à l'autre, à trente mètres au-dessus de l'eau ! Comment, sous vos yeux ébahis, un autre acrobate, aussi dénué de ressources que le premier, descend du haut des tours de Notre-Dame en marchant sur une ficelle tendue des tours à la caserne municipale ! Et vous applaudissez avec frénésie à la merveilleuse adresse de ces pauvres hommes, et vous vous extasiez sur leur hardiesse ! Et, au lieu de crier au meurtre, à l'assassin, au lieu de solliciter la prohibition de pareils spectacles si inhumains, vous chantez par-dessus les toits les louanges des héros de ces jeux si dangereux et si profondément criminels !

Comment encore, vous accourez en foule au cirque, où des gymnasiarques s'élancent dans les airs d'un trapèze à l'autre, au risque de se casser le cou, et vous vous tenez là béants d'admiration devant l'audace et l'agilité de ces gymnasiarques ! Et ces chevaux qui prennent le mors aux dents, jettent bas leurs cavaliers qui se cassent les côtes et se brisent la tête dans leur chute ! Et ces voitures, emportées à fond de train, qui renversent et écrasent tous ceux qui se trouvent sur leur passage ! Ces spectacles meurtriers, vous les supportez sans mot dire et, qui plus est, vous vous en allez, en vrais et incorrigibles badauds que vous êtes, vous planter devant la bête abattue, râlant encore, inondée de sang et d'écume, et vous ne vous éloignez, tant votre ébahissement est hébété, que lorsque l'on a enlevé le cadavre de la bête !

Que d'horribles choses se passent dans Paris, qui ne vous

émeuvent pas, et qui, cependant, surpassent grandement en effets et sensations pénibles les plus répugnants incidents d'une *corrida de toros*, sans en avoir l'énergique émotion morale et physique : les diffamations dans vos journaux, les injures et le pugilat dans vos salles de conférences politiques et sociales, les assassinats jusque dans les rues les plus fréquentées, les proxénètes et les filles de joie étalant leur impudicité en plein boulevard et en plein jour. Ah ! voilà des spectacles hideux, des immondicités à supprimer, et vous vous taisez... Pour cause ! Vous en profitez !

Intéressés, vicieux à l'excès que vous êtes, à la permanence de ces monstres insatiables de victimes humaines, vous cherchez, pour détourner l'attention de vos instincts immoraux, à attirer l'apitoiement sur le sort d'une vieille carcasse animale, qui a cessé de vivre de son vivant. Oh ! que vos mœurs sont efféminées et perverties, folliculaires à la recherche de la petite bête à dorloter et à exploiter ! Malheureux ! supprimer la *corrida de toros*, le plus brillant, le plus vaillant et le plus crâne des exercices auquel l'homme puisse s'adonner !

Ah ! pardon, j'oubliais la plus à la mode de ses jouissances, le spectacle le plus couru, le plus *pschutt :* la femme sauvage dévorant tout vivants, souris, rats, poules, canards, oies et lapins. Vous vous pâmez d'une joie délirante à la vue de cette voracité écœurante et dégoûtante ! Pourtant, c'est vous-mêmes, en personne, qui demandez à grands cris la suppression des courses de taureaux, sous prétexte que ce jeu est un jeu barbare, sauvage. Oh ! que je jubilerais d'aise si la femme sauvage pouvait en grignoter une douzaine d'entre vous, boudinés maudits, qui nous avez privés du superbe et splendide spectacle de la *corrida de toros*.

Vous boudinés, tous jeunes encore et déjà caduques, vous demandez la suppression des courses de taureaux, qui forment des maris et des soldats, forts, agiles et robustes.

Elles, les grandes dames, demandent la suppression de l'avortement, la supression de l'abandon des enfants, la suppression de la mortalité des enfants des ménages pauvres, la suppression du vice en pleine rue, corrupteur du père, du mari, du frère et du fils, la suppression du froid et de la faim, au grenier et à la cave, la suppression des incapacités militaires et maritales.

Jeunes et vieux animalitaires, combien est triste et désolante la petitesse de vos sentiments en regard des hauts et nobles sentiments humanitaires des quatre grandes dames patronnesses des courses de taureaux! Rougissez de votre mesquine sensiblerie de convention, grincheux et venimeux folliculaires boudinés, et laissez-nous nos mâles courses de taureaux.

Allons! boudiné, mon ami, allons contempler le beau *Frascuelo* et sa splendide *cuadrilla!* Un peu de courage! Ne tremblez pas comme ça; vos jambes flageolent comme des roseaux secoués par le vent. Rassurez-vous, les *toros* n'en veulent qu'aux *toreadores;* il n'y a rien à craindre pour les boudinés. Allons, corbleu, entrons!... Ah! nous y voilà enfin!

Eh bien, que voyez-vous, cher ami? De superbes dames et de brillants cavaliers. Tout ce beau monde cause, jase, crie, gesticule, joue de l'éventail, lance œillades sur œillades, à droite, à gauche, de tous côtés, à la recherche d'œillades sympathiques, en attendant le moment, saisissant jusqu'au délire, de l'entrée en scène du beau *Frascuelo* et de sa brillante *cuadrilla*.

Ah! la voilà, la plus affectionnée des *cuadrillas*. Silence absolu, saisissement général. Tous les regards, des regards de feu, se dirigent vers elle et couvent de leur ardeur passionnée la démarche fière et l'allure gracieuse du plus célèbre *toréador* de toutes les Espagnes, depuis la mort à jamais regrettable de l'immortel et incomparable *Montès*.

Après le salut d'usage à l'alcade et à l'assemblée, la *cua-*

drilla se répand dans l'arène aux postes de combat. Des applau-dissements frénétiques et des bravos étourdissants éclatent soudain de toutes parts, donnant la bienvenue à la *cuadrilla* et lui manifestant, par avance, sa joie pour tous les prodiges qu'elle attend de son habileté et de sa hardiesse.

Tout à coup un hourra d'admiration se fait entendre. Le taureau, un taureau d'aspect farouche et menaçant, que la *Sierra-Morena* a nourri de sauvagerie, se précipite, colère, irrité, dans l'arène, fou, ahuri de tant de bruit, bramant, écumant, humant la terre et l'air, grattant le sol avec rage, épiant anxieux de côté et d'autre, cherchant sur qui assouvir sa fureur.

Prompt comme l'éclair, un *chulo* passe devant son nez, en-suite un second, puis un troisième. Ah! c'en est trop d'insigne impudence! et il s'élance à fond de train à la poursuite du der-nier insolent, pour le châtier de son impertinence; mais, le quatrième *chulo* arrive à la course par côté et détourne l'ani-mal sur le point de saisir sa proie.

Le taureau, rendu furieux en voyant sa victime lui échapper, se précipite avec rage vers l'importun *chulo*, prêt à lui faire payer cher son outrageuse intervention. Mais celui-ci qui l'at-tend de pied ferme, s'élance d'un bond par-dessus, et le tau-reau donne des cornes dans le vide.

Tous les *chulos* accourent alors, entourent l'animal, l'aga-cent de la voix et des gestes, se font un jeu de sa fureur et de sa rage, en évitant ses coups par un simple écart de côté ou en sautant par-dessus.

On ne sait qu'admirer le plus, ou de l'agilité des *chulos*, ou de la furie de l'animal se précipitant, tantôt sur l'un, tantôt sur l'autre, rugissant de son impuissance, battant ses larges flancs de sa longue queue touffue. La fureur et la rage du tau-reau sont à leur paroxysme. Le hardi *chulo* qui, dans une attaque acharnée, lui a posé tranquillement le pied sur la nuque jusqu'alors inviolée, et a lestement sauté par-dessus ses reins frémissants, a mis le comble à son animosité. Il faut des victimes pour laver cette grave insulte.

C'est à ce moment du paroxysme de la rage qu'apparaissent dans la lutte les intrépides *banderilleros* avec leurs petits bâtonnets armés d'un dard pointu. Planter un de ces bâtonnets dans le cou de l'animal est la passe d'armes la plus dangereuse de la tauromachie. En planter deux à la fois, un de chaque côté, constitue le tour d'adresse le plus difficile et le plus apprécié.

Un *banderillero*, tenant un bâtonnet de la main droite, se place à gauche du taureau: un autre *banderillero*, tenant un bâtonnet de la main gauche, se tient à droite. Les *chulos* sont à quelque distance, prêts à se porter au secours des *banderilleros*.

Au moment propice, un des *banderilleros* s'élance à toutes jambes perpendiculairement à la direction du taureau et, en passant devant sa tête, lui enfonce le dard du bâtonnet dans le cou. Le taureau se sentant piqué, fait des bonds prodigieux pour se débarrasser du bâtonnet. Le deuxième *banderillero* s'élance à son tour, en choisissant le moment voulu, et plante son bâtonnet dans le cou de la bête. Celle-ci, rendue plus furieuse par cette seconde piqûre, parcourt l'arène en bondissant et mugissant. Le moment est terrible pour la *cuadrilla*, les mouvements de l'animal sont désordonnés.

Après un instant de répit laissé au taureau pour s'abandonner à sa douleur et à sa rage et retrouver un peu de calme, le *banderillero*, armé de deux bâtonnets, va se placer droit en face de la bête. Là, hardiment campé sur ses jambes, il attend de pied ferme, frappant les bâtonnets l'un contre l'autre, pour attirer l'attention de l'animal et l'exciter. Le taureau, exaspéré par cet appel, fond furieux sur l'audacieux *banderillero* qui, lui, calme, au moment où la bête lève la tête, croyant l'atteindre, fait un petit écart, pique les deux bâtonnets sur le cou, un de chaque côté, et l'animal mugissant de rage passe, déçu de sa vengeance, sous son bras droit.

L'heureux *banderillero* aux deux bâtonnets est vivement applaudi et acclamé. Le taureau, dépité dans ses vaines tentatives de vengeance contre ses ennemis, parcourt, haletant, l'arène en tous sens, agitant la tête pour faire tomber les *banderillas*, cherchant une victime à sa fureur.

La fatigue et la lassitude surviennent ; les assauts sont moins vifs, moins impétueux ; il est plus traitable. Alors, le *toreador*, l'invincible *Frascuelo* s'avance, la cape à la main droite. Par devant, un peu de côté, il déroule la cape, qui va de son extrémité frôler le museau de l'animal. Le taureau se précipite sur le *toreador* avec une rage indicible. Par un gracieux mouvement plus prompt, le *toreador* a ramené la cape et, au moment d'être atteint, l'a jetée sur la tête de l'animal qui, aveuglé, frappe inconsciemment dans le vague.

Le toreador retire de nouveau la cape, reparaît à découvert devant la bête ahurie, qui fond derechef sur lui et se trouve encore aveuglée et trompée dans sa fureur. Ce jeu du toreador est gracieux au suprême degré et démontre combien l'homme peut devenir alerte et souple, et parer avec facilité les attaques furibondes d'un terrible animal. Enfin, le *toreador* termine son brillant exercice par le demi-tour à toucher la tête du taureau et le saut par-dessus.

Les bravos et les applaudissements frénétiques acclament le premier des *toreadores*, et l'animal, harassé de fatigue, confus de n'avoir pu assouvir sa rage contre son tyran, disparaît honteux dans son réduit obscur.

L'adresse et le courage de l'homme ont vaincu et déjoué la fureur du redoutable animal.

Eh bien, cher boudiné de mon cœur, où est le cheval éventré dans tout ça? Où est le taureau impitoyablement lardé et tué dans tout ça? Vous comprenez bien, à présent, n'est-ce pas, qu'on peut vous donner le spectacle de la *corrida de toros*, sans vous exposer à la ridicule obligation de pleurer par convenance sur les malheurs d'une vieille rossinante éventrée et d'un superbe taureau sacrifié.

Que pensez-vous maintenant de ces jeux de l'homme contre la fureur d'un terrible animal sauvage? N'est-ce pas que ces luttes habituent l'homme à la promptitude de la décision, en même temps qu'à la prudence et à la circonspection? N'est-ce pas qu'elles aguerrissent le moral, en fortifiant la trempe de caractère et centuplent les forces du physique en lui donnant une souplesse et une agilité qu'aucun autre exercice ne saurait lui procurer?

Alors, vous vous réconciliez avec la *corrida*. Alors, l'an prochain, cher boudiné tout-puissant, vous me promettez d'obtenir de l'animalophile ministre, l'introduction en France des *toros* et des *cuadrillas* d'Espagne. Et, l'an prochain, au lieu d'un boudiné poussif et trémoleux, vous me présenterez un brillant *bandillero*, sans peur ni reproches. Et, l'an prochain, nos belles duchesses et nos ravissantes princesses auront des adorateurs dévoués et robustes, et aussi des sacs pleins d'or pour la société de charité maternelle.

Tout va bien qui finit bien.

Les Anglais n'auront pas la tour de Saint-Nicolas, mais les Parisiens auront la *corrida de toros*.

TABLE

Typ. du MAGASIN PITTORESQUE. — (E. Best).

www.ingramcontent.com/pod-product-compliance
Ingram Content Group UK Ltd.
Pitfield, Milton Keynes, MK11 3LW, UK
UKHW020207130726
13696UKWH00002B/770